# Afinidades revolucionárias

FUNDAÇÃO EDITORA DA UNESP

*Presidente do Conselho Curador*
Mário Sérgio Vasconcelos

*Diretor-Presidente*
Jézio Hernani Bomfim Gutierre

*Superintendente Administrativo e Financeiro*
William de Souza Agostinho

*Conselho Editorial Acadêmico*
Danilo Rothberg
João Luís Cardoso Tápias Ceccantini
Luiz Fernando Ayerbe
Marcelo Takeshi Yamashita
Maria Cristina Pereira Lima
Milton Terumitsu Sogabe
Newton La Scala Júnior
Pedro Angelo Pagni
Renata Junqueira de Souza
Rosa Maria Feiteiro Cavalari

*Editores-Adjuntos*
Anderson Nobara
Leandro Rodrigues

Olivier Besancenot
Michael Löwy

# Afinidades revolucionárias
## Nossas estrelas vermelhas e negras

*Por uma solidariedade entre marxistas e libertários*

2ª edição revista

Tradução
João Alexandre Peschanski
Nair Fonseca

editora unesp

© 2019 Editora Unesp
Título original: *Affinités révolutionnaires: nos étoiles rouges et noires. Pour une solidarité entre marxistes et libertaires.*

Direitos de publicação reservados à:

Fundação Editora da Unesp (FEU)
Praça da Sé, 108
01001-900 – São Paulo – SP
Tel.: (0xx11) 3242-7171
Fax: (0xx11) 3242-7172
www.editoraunesp.com.br
www.livrariaunesp.com.br
feu@editora.unesp.br

Dados Internacionais de Catalogação na Publicação (CIP)
de acordo com ISBD
Elaborado por Vagner Rodolfo da Silva - CRB-8/9410

B554a

Besancenot, Olivier
   Afinidades revolucionárias: nossas estrelas vermelhas e negras. Por uma solidariedade entre marxistas e libertários / Olivier Besancenot, Michael Löwy; traduzido por João Alexandre Peschanski, Nair Fonseca. – 2. ed. – São Paulo: Editora Unesp, 2019.

   Tradução de: *Affinités révolutionnaires: nos étoiles rouges et noires. Pour une solidarité entre marxistes et libertaires.*
   Inclui bibliografia.
   ISBN: 978-85-393-0786-9

   1. Marxismo. 2. Socialismo. 3. Anarquismo. 4. Política. 5. Esquerda no século XXI. I. Löwy, Michael. II. Peschanski, João Alexandre. III. Fonseca, Nair. IV. Título.

2019-423                                CDD: 320.5322
                                        CDU: 330.85

Editora afiliada:

Asociación de Editoriales Universitarias
de América Latina y el Caribe

Associação Brasileira de
Editoras Universitárias

# Sumário

Prefácio à edição brasileira   9

Introdução   13

I. CONVERGÊNCIAS SOLIDÁRIAS   17
  A I Internacional e a Comuna de Paris
    (1871)   17
  O Primeiro de Maio e os Mártires de Chicago
    (1886)   22
  O sindicalismo revolucionário e a Carta de
    Amiens (1906)   27
  Revolução Espanhola (1936-1937): a revolução
    vermelha e negra   36
  Maio de 68   46
  Do altermundialismo aos Indignados   50
  Carta a Louise Michel (1830-1905)   57
  Pierre Monatte (1881-1960)   63
  Rosa Luxemburgo (1870-1919)   69

Emma Goldman (1869-1940)   75
Buenaventura Durruti (1896-1936)   80
Benjamin Péret (1899-1959)   89
O subcomandante Marcos (1957-)   92

II. CONVERGÊNCIAS E CONFLITOS   97
A Revolução Russa   97
Retorno sobre a tragédia do Kronstadt   109
Makhno: vermelhos e negros na Ucrânia
(1918-1921)   123

III. ALGUNS PENSADORES MARXISTAS LIBERTÁRIOS   131
Walter Benjamin (1894-1940)   131
André Breton (1896-1966)   138
Daniel Guérin (1904-1988)   142

IV. QUESTÕES POLÍTICAS   147
Indivíduo e coletivo   147
Fazer a revolução sem tomar o poder?   154
Autonomia e federalismo   159
Planificação democrática e autogestão   164
Democracia direta e democracia
representativa   170
Sindicato e partido   174
Ecossocialismo e ecologia libertária   181

Conclusão – Para um marxismo libertário   187
Referências bibliográficas   191

*À memória de Clément Méric*

# Prefácio à edição brasileira

Será interessante se, algum dia, historiadores brasileiros estudarem a trajetória do movimento operário no Brasil do ponto de vista das convergências, no pensamento e na ação, entre anarquistas e marxistas. Obviamente, este breve prefácio não se propõe a isso; nos limitaremos a citar um episódio importante, que merece ser mais bem conhecido e tem certo caráter exemplar.

Inspirada pelo fascismo italiano, a Aliança Integralista Brasileira (AIB) foi fundada por Plínio Salgado em 1932. Os "camisas verdes" se transformaram rapidamente num movimento fascista ameaçador, com milícias armadas e uniformizadas. Em janeiro de 1933, a Liga Comunista Internacionalista (LCI), organização trotskista dirigida por Mário Pedrosa, Lívio Xavier, Aristides Lobo, Fúlvio e Lívio Abramo, lança a proposta de uma Frente Única Antifascista (FUA), reunindo todas as forças do movimento operário e do antifascismo. Depois de vários encontros e acaloradas discussões, a frente é fundada em São Paulo no dia 25 de junho de 1933, com a participação da LCI, do Partido Socialista Brasileiro, criado por João Cabanas e Miguel Costa (militares que haviam participado da Coluna Prestes), da Federação Operária de São Paulo, de orientação anarcossindicalista, da União dos Trabalhadores Gráficos, além de várias organizações de exilados antifascistas italianos, alemães e húngaros. Pouco depois, aderem à FUA, participando de um *meeting* público em 14 de julho de 1933, o Partido Comunista Brasileiro (PCB), a União da Juventude Comunista e o Socorro Vermelho. Essa decisão, bastante contraditória com a orientação sectária do stalinismo, se deve à Juventude Comunista e ao principal dirigente comunista de São Paulo, Hermínio Sachetta.[1] Entre os anarquistas, representados por seus sindicatos e pelos jornais *A Plebe* e *A Lanterna*, se encontram Edgard Leuenroth, dirigente da greve geral de 1917, Pedro Catalo, do Centro de Cultura Social, o revolucionário russo Simon Radowiztky e vários outros.

Em 1934, os integralistas anunciam sua intenção de realizar uma grande passeata e um comício na praça da Sé em 7 de outubro: uma verdadeira demonstração de força e uma provocação contra o "bolchevismo". A Frente Única Antifascista se reúne e decide receber os fascistas como merecem: à bala... A praça da

---

1 Hermínio Sachetta jornalista, foi o dirigente do PCB de São Paulo até 1937, quando foi expulso, acusado de trotskismo. Preso durante dois anos pelo Estado Novo, participa em 1939 da fundação do Partido Socialista Revolucionário, afiliado à IV Internacional, no qual vão participar, depois de 1945, personalidades como Patrícia Galvão, Alberto Rocha Barros, Florestan Fernandes e Maurício Tragtenberg.

Sé é dividida em três setores: um de responsabilidade dos militantes socialistas, outro dos comunistas e um terceiro dos trotskistas e anarquistas. Mas muitos militantes sindicalistas ou simplesmente antifascistas se juntaram na praça, sem seguir nenhuma dessas direções. Quando os integralistas chegam no local e ocupam a escadaria da Catedral com suas tropas, inicia-se um enfrentamento, com troca de tiros, deixando mortos e feridos dos dois lados. Mario Pedrosa é levado a um hospital. Edgard Leuenroth se encontra, como sempre, na primeira fila do combate. Depois de duas horas de combate, os integralistas fogem e se dispersam, muitos abandonando no caminho sua camisa verde. Não voltarão tão cedo a São Paulo...

Foi a primeira – e talvez a única – vez na história do Brasil em que socialistas, comunistas do PCB, trotskistas, anarquistas, exilados italianos, sindicalistas e antifascistas sem afiliação conseguem se unir para enfrentar o inimigo comum: o fascismo brasileiro, as "galinhas verdes" de Plínio Salgado. E alcançam uma vitória espetacular, derrotando, nas ruas, as milícias integralistas. Existem alguns pequenos livros, de circulação limitada, que narram essa história e merecem ser mais conhecidos: *Frente Única Antifascista 1934-1984*, de Fúlvio Abramo, e *A batalha da praça da Sé*, Eduardo Maffei. O primeiro é trotskista; o segundo, anarquista; divergem em alguns pontos, mas no fundamental se completam.

Entre os pensadores brasileiros que tentaram formular um "marxismo libertário" se destaca a figura de Maurício Tragtenberg (1929-1998). Intelectual autodidata, militante comunista expulso do partido por ler escritos de Trotski, ele foi um dos fundadores, em meados dos anos 1950, com Hermínio

Sachetta, de uma pequena organização de orientação "luxemburguista", a Liga Socialista Independente (LSI). A Liga costumava co-organizar, com os anarquistas Pedro Catalo e Edgard Leuenroth, do Centro de Cultura Social, *meetings* de Primeiro de Maio, em homenagem à memória dos Mártires de Chicago. Embora não tivesse completado a escola primária, Tragtenberg foi aceito na Universidade de São Paulo e fez uma brilhante carreira acadêmica. Muito interessado pelo anarquismo, pelo anarcossindicalismo, pela pedagogia libertária e por Enrico Malatesta, não deixava de reclamar as ideias de Marx, que opunha à ideologia de certos pretensos "marxistas". Podemos considerá-lo um dos mais ilustres marxistas libertários brasileiros.

Será que essa história pertence só ao passado? Não acreditamos nisso. Um exemplo mostra a atualidade dessa discussão no Brasil de hoje: o Movimento Passe Livre. Organizador das grandes manifestações contra o aumento do preço do transporte público nas capitais do pais, o MPL levou centenas de milhares de pessoas às ruas em junho de 2013 – um episódio sem precedentes na história do país. Pequena rede organizada de forma federativa e horizontal, o MPL inclui anarquistas, marxistas e sobretudo anarco-marxistas punk. Em 2015, voltou a atrapalhar o sono das autoridades de São Paulo, organizando novos protestos contra o aumento das tarifas, sofrendo brutal repressão da polícia do Estado. A luta continua!

*P.S. de Michael Löwy: Tive a grande sorte de conhecer Mario Pedrosa, Fúlvio Abramo e Pedro Catalo, assim como de tecer laços de amizade pessoal e companheirismo com Edgard Leuenroth, Hermínio Sachetta e Maurício Tragtenberg. Que as gerações futuras se apoderem de suas ideias!*

# Introdução

As histórias do movimento operário contam em detalhes os desacordos, conflitos e confrontações entre marxistas e anarquistas. Os partidários das duas correntes não deixaram de redigir trabalhos teóricos ou historiográficos que denunciam as infâmias do adversário. Alguns transformaram em uma especialidade essa "execução" moral do outro. Um exemplo ilustre, bem revelador, é o título de um dos primeiros livros de Josef Stalin, *Anarquismo ou socialismo?* (1907). O futuro secretário-geral do PCUS escreve: "Estamos convencidos de que os anarquistas são verdadeiros inimigos do marxismo. Em consequência, reconhecemos também que, contra verdadeiros inimigos, temos de travar também uma luta verdadeira". Conhecemos a continuação...

O objetivo de nosso livro é exatamente o inverso. Ele está colocado sob o signo da I Internacional – cujo 150º aniversário de fundação (28 de setembro de 1864) celebrou-se em 2014 –, a associação revolucionária pluralista que havia conhecido, pelo menos durante seus primeiros anos, convergências significativas entre as duas correntes da esquerda radical. Portanto, existe uma outra vertente da história, não menos importante, mas frequentemente esquecida, algumas vezes mesmo deliberadamente descartada: a das alianças e solidariedades atuantes entre anarquistas e marxistas. Essa história é longa, ainda que desconhecida, de mais de um século, e isso até hoje. Certamente não subestimamos os conflitos, em particular a confrontação sangrenta de Kronstadt (1921), à qual consagramos um capítulo. Mas a fraternidade em um combate comum não deixou de existir, desde a Comuna de Paris. São testemunhas grandes figuras, de Louise Michel ao subcomandante Marcos, que atraíram atenção e simpatia tanto de marxistas quanto de libertários, assim como pensadores que encarnaram uma sensibilidade *marxista libertária*, tais como Walter Benjamin, André Breton ou Daniel Guérin. Algumas questões foram o ponto de discordância entre socialistas e anarquistas, que sempre dividiram marxistas e libertários: não se trata de "pôr termo ao debate" nem de explorar essas reflexões para encontrar as pistas de uma convergência possível. As questões colocadas aqui não têm a vocação de ser exaustivas. Optamos por discutir a "tomada do poder", o ecossocialismo, a planificação, o federalismo, a democracia direta, a relação sindicato/partido.

Nossa esperança é que o *futuro seja vermelho e negro*: o anticapitalismo, o socialismo ou o comunismo do século XXI deverá sorver nessas duas fontes de radicalidade. Queremos semear alguns grãos de marxismo libertário, na esperança de que encontrem um terreno fértil para crescer e produzir folhas e frutos.

*P.S.: Dividimos a escrita dos capítulos; cada um de nós tem seu estilo e seu próprio método, mas discutimos o conteúdo que exprime nossas ideias comuns. Dois textos, mais pessoais, são assinados: a carta a Louise Michel (Olivier Besancenot) e o encarte sobre Benjamin Péret (Michael Löwy).*

Olivier Besancenot – Michael Löwy

Karl Marx © Phototèque Hachette Livre.

# I
# Convergências solidárias

## A I Internacional e a Comuna de Paris (1871)

Londres, 1864. A Associação Internacional dos Trabalhadores (AIT) – conhecida hoje como a I Internacional – foi fundada há pouco mais de 150 anos, em 1864, no Saint-Martin's Hall, em Londres, por um Congresso Operário Europeu convocado pelos sindicatos ingleses. O Conselho Central eleito nessa ocasião pediu para Karl Marx redigir sua mensagem inaugural, discurso e documento fundador do movimento operário moderno. Encerra-se pela célebre fórmula: "A emancipação dos trabalhadores será obra dos próprios trabalhadores". Desde o começo, correntes libertárias, principalmente proudhonianas, estão presentes na AIT, e a relação delas com os socialistas marxianos não são apenas conflitivas. Entre os partidários de Marx e os representantes da esquerda do proudhonismo, como Eugène Varlin e seus amigos, há também algumas convergências, contra os proudhonianos mais à direita, partidários do "mutualismo" – projeto econômico baseado na "troca igual" entre pequenos proprietários. No Congresso de Bruxelas da AIT, em 1868, a aliança dessas duas correntes conduziu à adoção – sob a égide do militante libertário belga César de Paepe – de um programa "coletivista", preconizando a propriedade coletiva dos meios de produção: a terra, as florestas, as minas, os meios de transporte e as máquinas.[1] Retrospectivamente, a resolução sobre as florestas parece uma das mais atuais:

> Considerando que o abandono das florestas a particulares leva à destruição das florestas;
> Que essa destruição em certos pontos do território prejudicará a conservação dos mananciais e, consequentemente, a boa qualidade dessas terras, assim como a higiene pública e a vida dos cidadãos;
> O Congresso decide que as florestas devem ser propriedade da coletividade social.[2]

Após a adesão de Bakunin (1868) e a vitória das teses libertárias por ocasião do Congresso de Basileia da AIT, em 1869, intensificam-se as tensões com Marx e seus partidários. Entretanto, no momento da Comuna de Paris, em 1871, as duas correntes cooperam fraternalmente; é a primeira grande tentativa de "poder proletário" na história moderna. Desde 1870, Leó Frankel, militante operário húngaro radicado

---

1 Extraímos essa informação histórica da excelente obra de síntese de Gaetano Manfredonia, *L'Anarchisme en Europe*.
2 Rosal, *Los congressos obreros internacionales en el siglo XIX*, p.159.

na França, amigo próximo de Marx, e Eugène Varlin, o proudhoniano dissidente, trabalham juntos na reorganização da seção francesa da AIT. Após 18 de março de 1871, ambos estão à frente da Comuna, o primeiro como delegado do Trabalho, o segundo como delegado da Guerra, em estreita colaboração. Os dois participam, em maio de 1871, dos combates contra os versalheses: Varlin foi fuzilado após a derrota da Comuna, Frankel conseguiu emigrar para Londres.

Apesar de seu caráter efêmero – apenas alguns meses –, a Comuna de Paris é um modelo ímpar na história das revoluções sociais: ao mesmo tempo exemplo de um poder revolucionário dos trabalhadores democraticamente organizados – delegados eleitos por sufrágio universal –, suprimindo os dispositivos burocráticos do Estado burguês, e uma experiência profundamente *pluralista*, associando em um mesmo combate "marxistas" (a palavra ainda não existia), proudhonianos de esquerda, jacobinos, blanquistas e republicanos sociais. A Comuna de Paris inspira a maior parte dos grandes movimentos revolucionários do século XX, mas essa qualidade democrática/revolucionária e pluralista estará muito menos presente nos movimentos que a sucedem, exceto no início da Revolução de Outubro de 1917.

De fato, as análises respectivas da Comuna feitas por Marx e Bakunin eram antagônicas. É possível resumir as teses de um deles nos termos seguintes: "A situação do pequeno número de socialistas convictos que constituíram parte da Comuna era excessivamente difícil... Tiveram de opor um governo e um exército revolucionário ao governo e ao exército de Versalhes".

Diante dessa leitura da guerra civil na França, que opõe dois governos e dois exércitos, o ponto de vista antiestatista do outro prevalece: "A Comuna de Paris foi uma revolução contra o próprio Estado, esse aborto sobrenatural da sociedade".

O leitor atento e informado terá corrigido por si mesmo: a primeira opinião é de... Bakunin, ele próprio, em seu ensaio "A Comuna de Paris e a noção de Estado".[3] Ao passo que a segunda é uma citação de... Marx, no primeiro ensaio de redação de *A guerra civil na França* (1871).[4] Embaralhamos as cartas propositalmente para demonstrar que as divergências – certamente bem reais – entre Marx e Bakunin, marxistas e libertários, não são tão simples e evidentes quanto acreditamos.

Marx exultou com o fato de que, durante os acontecimentos da Comuna, os proudhonianos tenham esquecido as teses de seu mestre, enquanto alguns libertários observam com prazer que os escritos de Marx sobre a Comuna esquecem o centralismo em prol do federalismo. Com efeito, *A guerra civil na França*, texto redigido no calor dos acontecimentos a pedido da AIT, além dos rascunhos e materiais preparatórios do livro, testemunham o antiestatismo feroz de Marx. Ao definir a Comuna como a forma política finalmente encontrada de emancipação social do trabalhador, insiste na ruptura com o Estado, esse corpo artificial, essa jiboia constritora, esse pesadelo sufocante, essa excrescência parasitária...[5]

---

3 Bakunin, *De la guerre à la commune*, p.412.

4 Marx; Engels; Lenin, *Sur la Communne de Paris*, p.45.

5 Marx; Engels, *Inventer l'inconnu. Textes et correspondances autour de la Commune*, precedido por Daniel Bensaïd, *Politiques de Marx*. Ver também o comentário esclarecedor de Miguel

Entretanto, após a Comuna, o conflito entre as duas tendências do socialismo agrava-se, culminando, por ocasião do Congresso de Haia, em 1872, na expulsão de Bukanin e de Guillaume, e na transferência da sede da AIT para Nova York – na realidade, na sua dissolução. Na sequência dessa ruptura, os libertários decidem formar a sua própria Associação Internacional dos Trabalhadores, que ainda existe: é o elo entre os movimentos anarquistas de diferentes países.

Em vez de tentar contabilizar os erros e as culpas de uns e de outros – não falta uma multiplicidade de acusações recíprocas –, gostaríamos de pôr em destaque o aspecto positivo dessa experiência: um movimento internacionalista diversificado, múltiplo, democrático, no qual opções políticas diferentes puderam convergir na reflexão e na ação durante vários anos, o que permitiu a essas alianças efêmeras ou prolongadas desempenharem um papel de vanguarda na primeira grande revolução proletária moderna. Uma Internacional em que libertários e marxistas puderam – apesar dos conflitos – trabalhar juntos e praticar ações comuns.

Portanto, essa é uma experiência que, embora evidentemente não possa se repetir, nos interessa hoje, no despertar do século XXI.

A II Internacional, fundada em 1889, está desde sua origem sob a hegemonia da corrente marxista. Entretanto, correntes anarquistas encontram nela seu lugar até o Congresso de Zurique, em 1893, que vê a expulsão de Gustav Landauer e dos libertários

---

Abensur, *La Démocratie contre l'État: Marx et le moment machiavélien*, p.137-142.

alemães, logo seguida por uma cisão. Entre os dissidentes que rompem em Zurique encontram-se não apenas anarquistas, como Fernand Pelloutier, mas ainda socialistas holandeses – Domela Nieuwenhuis – e franceses – Jean Allemane – de tendência antiparlamentarista.

## O Primeiro de Maio e os Mártires de Chicago (1886)

Chicago, 1886. Como se sabe – ou melhor, como se deveria saber, o esquecimento sendo preservado pelo conformismo –, a história do Primeiro de Maio começa em Chicago, em 1886. Os sindicatos norte-americanos haviam convocado uma greve geral para impor a jornada de 8 horas – os operários eram obrigados nessa época a trabalhar 10, 12, 14 horas por dia. Iniciada em 1º de maio de 1886, a greve estende-se e intensifica-se nos dias seguintes. Em 3 de maio, diante das fábricas McCormick, a polícia atira na multidão e mata quatro trabalhadores; no dia seguinte, a esquerda sindical – sobretudo anarcossindicalista – convoca uma manifestação de protesto, na praça do Haymarket, o antigo mercado de feno de Chicago. Quando a polícia intima os manifestantes a dispersarem-se, alguém – nunca se soube quem cometeu esse ato – lança uma bomba nos policiais, matando oito deles e ferindo sessenta. Em revide, a polícia atira na multidão, com um número desconhecido de mortos e duzentos feridos.

Incapazes de encontrar o culpado, as autoridades prendem os oito principais dirigentes do sindicalismo revolucionário da cidade, que organizaram a

Afinidades revolucionárias

1. Samuel Fielden
2. A. R. Parsons
3. Louis Lingg
4. August Spies
5. Michael Schwab
6. Adolph Fischer
7. George Engel

Retratos dos mártires de Chicago, 12 de novembro de 1887.

manifestação, e os submetem a uma paródia de justiça. Condenados por suas ideias, seus panfletos e seus apelos revolucionários à luta, esses militantes recebem, em maioria, a pena de morte. Um deles, Louis Lingg, suicida-se com um bastão de dinamite; quatro outros, August Spies, Albert Parsons, Adolph Fischer e George Engel, são enforcados em 11 de novembro de 1887. No cadafalso, corda no pescoço, Spies pronuncia suas últimas palavras, que serão gravadas em letras de bronze no monumento aos Mártires de Chicago: "Chegará o dia em que nosso silêncio será mais poderoso do que as vozes que vocês estrangulam hoje". Alguns anos mais tarde, em 1893, um novo governador do estado de Illinois, John P. Altgeld, reabilita os militantes assassinados, reconhecendo que a maioria das "provas" apresentadas pela acusação durante o processo era "pura fabricação".

Quem eram esses combatentes libertários de Chicago, pioneiros da luta pela jornada de 8 horas, e vítimas da justiça de classe – como serão, algumas décadas mais tarde, os anarquistas Bartolomeo Sacco e Nicola Vanzetti? August Spies era um imigrante alemão, que havia descoberto as ideias socialistas na América. Militante do Partido Socialista dos Trabalhadores (SLP), havia mesmo sido candidato desse partido às eleições. Era o redator do jornal em língua alemã *Arbeiter Zeitung*. A partir dos anos 1880, aproximou-se do anarquismo, participando do congresso de fundação (1883), em Pittsburgh, da Associação Internacional do Povo Trabalhador, de tendência anarcossindicalista. Partidário da socialização dos meios de produção, Spies definia o socialismo ou o anarquismo – os dois termos eram sinônimos, a seus olhos – como uma forma de cooperação universal que implica a abolição do capitalismo. Acusado de ser o autor do panfleto que convocava a manifestação, na Praça Haymarket – cujo texto terminava com o apelo "Às armas, operários!" –, havia assumido suas convicções libertárias diante do tribunal. Pouco antes de sua execução, havia escrito ao governador reacionário do Illinois, Richard Oglesby, rogando que sacrificasse apenas uma vida, a sua.

Albert Parsons, nascido nos Estados Unidos, havia participado da Guerra Civil nas fileiras das forças abolicionistas de Lincoln; como Spies, passou do SLP ao anarcossindicalismo. Sua análise do capitalismo e da luta de classes era próxima do marxismo, mas não deixava de aderir ao anarquismo – que definia como o combate contra a dominação de um ser humano por um outro –, opondo o anarquismo ao que chamava de "socialismo estatista". Como seus camaradas libertários, Parsons acreditava no direito dos trabalhadores à autodefesa e apoiava as tentativas de formar uma milícia operária.

Adolph Fischer também era de origem alemã; editava com seu amigo George Engel o jornal *Der Anarchist*, cuja palavra de ordem era: "Nós odiamos a autoridade". Em seus escritos, defendia o comunismo anarquista contra os partidários de Proudhon, que qualificava de *middle-class Anarchists*, literalmente "anarquistas burgueses". Segundo afirmava, o objetivo do movimento era a abolição do Estado e, no plano econômico, "um método de produção comunista ou cooperativo". George Engel, outro imigrante alemão, também havia passado em poucos anos do "socialismo eleitoral" ao anarquismo da Associação Internacional do Povo Trabalhador (IWPA). No momento da explosão da bomba em Haymarket, estava em sua casa, jogando baralho. Mas acabou condenado à morte. Pouco antes de sua execução, enviou uma carta ao governador Oglesby, recusando a solicitação de comutação de pena: "Eu peço ou a liberdade ou a morte. Renuncio à sua graça".

Louis Lingg era o mais jovem do grupo dos condenados. Havia chegado da Alemanha apenas um ano antes dos acontecimentos. Ao aderir a um sindicato de marceneiros, organizava nele a milícia sindical. Seu discurso diante da corte tornou-se um clássico da literatura anarquista norte-americana. Para escapar ao cadafalso, suicidou-se com um charuto recheado de dinamite, que um amigo lhe havia passado clandestinamente.

É interessante notar que, entre as pessoas que se mobilizaram em defesa dos anarquistas de Chicago, encontrava-se Eleanor Marx, que residia nos Estados

Unidos em 1886, e isso por alguns meses apenas. Em um discurso, em novembro de 1886, denuncia o processo como "um dos mais infames assassinatos legais já cometido". Se os acusados forem executados, proclama, "deverá ser dito de seus carrascos o que meu pai dizia dos que massacraram o povo de Paris: 'A história já os acorrentou àquele eterno pelourinho, do qual todas as preces de seus clérigos de nada servirão para os redimir'".[6]

A II Internacional fez do Primeiro de Maio, por ocasião de seu segundo congresso em Paris, em 1889, uma data mundialmente comemorativa da luta pela redução da jornada de trabalho a 8 horas. Ao longo dos anos, embora a direita sindical e os reformistas tenham degradado o Primeiro de Maio a "festa do trabalho", a esquerda anarquista e marxista preservou a memória dos Mártires de Chicago, ao fazerem dessa data uma jornada de luta e de solidariedade internacionalista. A herança de Haymarket desempenhou um papel importante na fundação, uma geração mais tarde, da Trabalhadores Internacionais do Mundo (IWW),[7] movimento sindicalista revolucionário nos Estados Unidos, partidário da ação direta e da greve geral. A maior greve organizada pelo IWW foi a greve, vitoriosa, dos operários têxteis, em Lawrence, Massachusetts, em 1912: seus principais animadores eram dois militantes de origem italiana, o anarcossindicalista Joseph Ettor e o

---

6 Todas as informações foram extraídas da obra organizada por David Roediger e Franklin Rosemont, *Haymarket Scrapbook*.

7 Trabalhadores Internacionais do Mundo (em inglês, International Workers of the World) é um sindicato internacional de caráter revolucionário, fundado nos Estados Unidos, no mesmo ano, em 1905.

socialista (marxista) Arturo Giovannitti, que acabaram presos, mas, depois, graças a uma ampla campanha de apoio, foram liberados pelos tribunais.

Os comunistas norte-americanos dos primeiros anos, John Reed, William Z. Foster, James Cannon, Bill Haywood – os três últimos originários da IWW –, prestavam frequentemente homenagem a Albert Parsons e a seus camaradas. Os Mártires de Chicago foram, ao longo do século XX, uma referência comum ao conjunto de correntes revolucionárias do movimento operário. Mas foram sobretudo os anarquistas que souberam fazer dos vencidos de 1886-1887 uma bandeira para a luta revolucionária mundial.

## O sindicalismo revolucionário e a Carta de Amiens (1906)

Amiens, 1906. Na França, a história do nascimento do sindicalismo revolucionário é uma referência que também resiste ao tempo. A Confederação Geral do Trabalho (CGT) dá seus primeiros passos no início do século XX e incendeia rapidamente a França operária. A seu modo, sua ascensão reativa o movimento unificador que havia suscitado a criação da I Internacional, quarenta anos antes, ao mesmo tempo que insufla uma nova radicalidade. Essa irrupção sindical marca também a consumação de uma busca: a da autorrepresentação da classe dos explorados e dos oprimidos. A esse título, é uma referência comum aos marxistas e aos libertários.

A gênese da CGT não decorre de uma decisão política, decretada por esta ou aquela corrente, marxista ou anarquista. Ao contrário, sua criação não fez unanimidade em nenhuma das duas famílias políticas. Entretanto, seu nascimento deve muito a uma geração de militantes anarquistas, e o marxismo revolucionário, por sua vez, deve muito a uma geração de sindicalistas revolucionários, que acabarão por optar por suas teses. Com efeito, na origem, a CGT tem uma tonalidade preferencialmente "libertária", sobretudo por seu funcionamento que dá uma posição central à base da organização, mais do que à cúpula. Os anarquistas que participam ativamente da criação do sindicato, e que estão nesse momento em ruptura com a estratégia de atos de violência individuais, contribuíram para que fosse assim. (Lembremos que o início dos anos 1890, muito conturbado, foi abalado por atentados "anarquistas", e os anarquistas reprimidos por leis perversas.) Fernand Pelloutier (1867-1901), por exemplo, desempenhou um papel de primeira grandeza no seio do movimento de bolsas de trabalho [*bourses du travail*], do qual se tornará secretário da federação a partir de 1895. Ele concebe o sindicalismo como uma alternativa ao anarquismo individualista, que recorre à prática de roubos e assaltos, conforme o princípio da "expropriação individual" [*reprise individual*]: como a propriedade é considerada um "roubo" por Proudhon, a reapropriação passa por "expropriação"; ou então, praticar atentados e assassinatos, em nome da propaganda dita "pelo ato". Émile Pouget (1860-1931) também trabalhou enormemente para dar um novo impulso ao anarquismo por meio do sindicalismo, tornando-se secretário adjunto da CGT e redator da publicação hebdomadária oficial *La Voix du Peuple*, a partir de 1900 – ele que havia editado, durante anos, o temível jornal panfletário anarquista *Le Père Peinard*.

A concorrência produzida pelo sindicalismo revolucionário também fez advir, no rastro de seu desenvolvimento atípico, militantes marxistas fora do comum: alguns anarquistas da CGT rompem progressivamente com os ideais de seu começo para adotar um marxismo autêntico, longe dos trilhos balizados pelos partidos existentes. Estão entre eles Pierre Monatte (1881-1960) e Alfred Rosmer (1877-1964), especialmente ativos no seio da direção da CGT e na animação da revista *Vie Ouvrière*, que criam em 1909.

A Primeira Guerra Mundial é o acontecimento na origem dessa mudança de orientação progressiva. Diante do conflito que transforma os povos em bucha de canhão e da união sagrada nacionalista que gangrena rapidamente o movimento operário, sindicalistas radicais e marxistas internacionalistas aprendem a se conhecer melhor. Esses homens se encontram às vezes unidos em conferências, como a de Zimmerwald (setembro de 1915) e a de Kienthal (abril de 1916) para manter, contra ventos e marés, a bandeira do internacionalismo socialista hostil à guerra.

Em 1917, a Revolução Russa abre novas perspectivas e aproxima ainda mais os pontos de vista. Os bolcheviques procuram até mesmo, durante algum tempo, sistematizar suas ligações através da Internacional Sindical Vermelha (ISV), em 1921: essa organização tentará, a seu modo, reagrupar sindicatos radicais e alas esquerdas das grandes organizações sindicais, ao mesmo tempo que faz função de viveiro militante para a criação de Partidos Comunistas, à época em formação em toda a Europa.

Na efervescência sindical que agita o mundo durante esses anos, a ascensão da CGT ocupa uma posição particular e permanece uma história singular. É o resultado de um reencontro entre dois movimentos vindos da base: a Federação Nacional dos Sindicatos, originária da multiplicação de caixas de solidariedade e de entreajuda, que se desenvolveram nas empresas; e, a partir de 1892, a Federação das Bolsas de Trabalho. Essas bolsas são os locais reservados aos trabalhadores, atribuídos a eles e colocados à sua estrita disposição. Propagam-se por todo o país, são criadas em inúmeras cidades. O movimento de unificação entre a Federação das Bolsas de Trabalho e a Federação dos Sindicatos de Ofícios culmina na criação da Confederação Geral do Trabalho em 1895, em Limoges. Fundação que será aperfeiçoada em 1902, em Montpellier.

A originalidade francesa do sindicalismo deriva dessa dupla característica: profissional para o sindicalismo de empresa e geográfica para as bolsas de trabalho. A implantação rápida das bolsas de trabalho no país, nos anos 1890, suscitou um verdadeiro entusiasmo popular, desviando o sindicalismo de uma trajetória potencialmente corporativa: ele poderia ter buscado apenas um objetivo, a defesa dos interesses da profissão e dos que vivem dela. Portanto, a contribuição das bolsas de trabalho foi decisiva: numerosos trabalhadores tiveram parte ativa em seu seio na construção do movimento sindical, que dessa forma ajudaram a controlar e dirigir de maneira inédita, a partir da base, graças a sua implicação direta.

A origem do movimento de bolsas de trabalho é parisiense, como se, maliciosamente, o espírito da Comuna continuasse a planar sobre a cidade, apesar da repressão feroz de 1871. Portanto, é ao Conselho Municipal de Paris, em 1875, que os trabalhadores

Afinidades revolucionárias

dirigem uma primeira requisição coletiva, que solicita a abertura de um espaço público destinado a receber os grupos de operários submetidos todas as manhãs a procedimentos de contratação, reunindo os movimentos sindicais (desde 1884 e da Lei Waldeck-Rousseau, as atividades sindicais são legais e enquadradas), em suma, um lugar de reunião e de informação, sobre oferta e procura, sobre salários etc. O debate prossegue ao longo dos anos seguintes: o princípio da criação da Bolsa de Trabalho de Paris, subvencionada pela municipalidade, é validado em 1887, e a primeira delas é fundada. O edifício só será inaugurado em 1892, na rua Château d'Eau, em Paris, ano que também vê a criação da Federação das Bolsas de Trabalho, dirigida por Pelloutier. Após 1887 e o exemplo parisiense, o movimento estende-se como um rastilho de pólvora a todas as cidades da França: Nîmes, Marselha, em seguida Lyon. Toulouse, Saint-Étienne, Toulon, Montpellier, Sète, Béziers, Nice, Cholet... Criam-se dezenas. Convém dizer que ocupam um vazio social e respondem a uma demanda concreta da classe operária: dispor de um local para o repouso antes da contratação, para a organização de encontros, debates e defesa dos seus interesses. A administração dessas bolsas é efetuada pelos próprios trabalhadores. As municipalidades colocam à sua disposição os locais e liberam recursos próprios, principalmente para a publicação de jornais. Para as autoridades locais, essa organização apresenta uma vantagem: ver reunidos localmente, em um único lugar, os líderes da contestação operária e conhecer suas maquinações, em vez de procurar adivinhar revoltas subterrâneas. É a única contrapartida para o Estado. Todas as tentativas de ingerência no funcionamento das bolsas são sistematicamente rejeitadas em prol da autogestão dos locais.

O nascimento da CGT, em 1895, marca o advento de um sindicalismo fora da norma e coroa uma epopeia autogestionária: vinte anos de um sindicalismo revolucionário, assumido e reivindicado como tal, tendo feito prova de uma bela autonomia operária.

A Carta de Amiens, adotada em 13 de outubro de 1906, durante o XV Congresso Nacional Corporativo (IX Congresso da CGT), reafirma essa singularidade. Verdadeira profissão de fé do sindicalismo radical, ela não é simplesmente uma declaração de independência dos sindicatos em relação aos partidos, mas antes de tudo uma resposta à evolução reformista dos socialistas da época. De imediato, o texto da Carta se revela eminentemente político. Em ampla medida, constitui a refutação da CGT à fundação da Seção Francesa da Internacional Operária, a SFIO, em 1905: o novo partido pretende unificar os dois partidos socialistas existentes, um reformista, o outro revolucionário, um partidário de Jaurès, o outro majoritariamente partidário de Guesde. Uma SFIO que, para inúmeros militantes operários radicais, parece distanciar-se do espírito da I Internacional e da Comuna, na medida em que os eleitos socialistas tomam assento no Parlamento, e depois que Millerand aceitou ser o primeiro socialista a entrar em um governo da III República (1899-1902). Em suma, uma via de reconhecimento.

Amiens é a ocasião de acertar os ponteiros para os animadores da CGT que conseguiram, em dez anos, construir o sindicato fora do controle das organizações políticas e ao custo de um verdadeiro braço de ferro. Que não seja esquecido: na França, a CGT

Afinidades revolucionárias

não foi simplesmente criada para reagrupar os trabalhadores com base em seus interesses profissionais. Uma de suas razões de ser, constitutiva à sua criação, é oferecer aos trabalhadores uma solução social e política diferente do socialismo defendido pelos partidos – uma solução que os sindicalistas revolucionários reivindicam que seja pertinente à classe operária, e não aos políticos socialistas. De fato, a CGT por esse motivo se constrói como um ato de desconfiança em relação aos partidos, o que se traduz antes de tudo por uma recusa de qualquer instrumentalização política.

O primeiro "nascimento" da CGT, em 1895, em Limoges, já havia validado a emancipação da confederação sindical da dominação socialista. Por detrás da rejeição do terreno institucional, uma forte convicção: o sindicato é o órgão natural, legítimo e "puro" do proletariado como classe, por oposição ao caráter interclassista dos partidos, visto que reagrupam pessoas de todos os horizontes sociais. A CGT também é caracterizada pela marca do movimento das bolsas de trabalho, dirigido pelo anarquista Fernand Pelloutier: ele é ostensivamente hostil aos partidos reformistas. De acordo com Pelloutier, o sindicalismo é o melhor baluarte para a institucionalização de ideias socialistas nos partidos. Em sua "Carta aos anarquistas", datada de 1899, resume seu pensamento assim:

> Nossa situação no mundo socialista é a seguinte: proscritos do "partido" porque, não menos revolucionários que Vaillant e Guesde, tão resolutamente partidários da supressão da propriedade individual, somos além do mais o que eles não são: revoltados de todas

as horas, homens verdadeiramente sem deus, sem amo, sem pátria.

A Carta de Amiens simboliza a proclamação de um sindicalismo revolucionário que resiste às investidas dos socialistas. Também é uma resposta a seus avanços. Inicialmente, é o dirigente da Federação do Têxtil, Renard, partidário de Guesde, que propõe uma moção de aproximação entre a social-democracia e a CGT. Convida assim à normalização da ação sindical: à CGT as questões econômicas; aos partidos os desafios políticos. Essa moção recolhe apenas 34 votos contra 736. A resolução que a História retém como sendo a Carta de Amiens é, na realidade, a réplica feita ao delegado Renard por dois dos principais dirigentes da CGT, Victor Griffuelhes (1874-1922) e Émile Pouget – dois homens, duas trajetórias para uma mesma visão sindical. Griffuelhes, secretário da CGT desde 1901, o blanquista,[8] e Pouget, antigo editor do *Père Peinard*, o libertário. A moção de ambos – "A CGT agrupa, *fora de qualquer corrente política,* todos os trabalhadores conscientes da luta a travar para o desaparecimento do assalariado e do patronato" – é amplamente aprovada por 834 votos a 8. Esse resultado provavelmente não traduz a exata correlação de força do interior da CGT.

---

8 Auguste Blanqui (1805-1881), grande figura socialista revolucionária francesa do século XIX, participou ativamente das revoluções de 1830 e 1848. Sua prisão durante a Comuna, em 1871, privou a revolução de sua "cabeça", para retomar a expressão de Karl Marx. Seu pensamento suscitou inúmeros clubes subversivos e reagrupamentos revolucionários ao longo de sua vida militante. Os numerosos anos que passa na prisão ao longo de sua vida lhe valem o cognome de o Encarcerado.

Com efeito, o sistema de delegações que representam cada sindicato, em pé de igualdade, qualquer que seja o tamanho da empresa – logo, o número de assalariados –, favorece as pequenas empresas e as oficinas, que são tradicionalmente mais politizadas do que as novas grandes unidades de produção industrial – nessas, que o capitalismo, em plena ascensão, acaba de criar, os trabalhadores são iniciados há muito pouco tempo e ainda timidamente na luta de classe. Portanto, a tendência revolucionária é favorecida. Além do mais, parece evidente que essa moção não foi votada unicamente pelos sindicalistas revolucionários. Associaram-se a ela numerosos sindicalistas reformistas, que votaram antes de tudo para protestar contra uma eventual tutela da SFIO sobre a Confederação. Além da correlação de força entre revolucionários e reformistas, o resultado da votação traduz uma realidade e uma aspiração política incontestável: ao afirmar sua independência em relação ao socialismo parlamentar, a CGT não foge das questões políticas. Pelo contrário, ela as reivindica. Esse voto é uma afirmação da especificidade do sindicalismo francês na cena internacional por seu caráter radical e revolucionário. Exceto a IWW nos Estados Unidos, a Confederação Nacional do Trabalho (CNT) na Espanha, bem como a União Sindical Italiana, em menor grau, poucas estruturas sindicais de massa escolheram esse caminho. Um caminho marcado por uma dupla tarefa, ou "dupla atividade" de que se investe o sindicato: defender desde hoje o interesse dos trabalhadores ante o patronato; outorgar-se para amanhã a perspectiva de uma sociedade definitivamente desvencilhada da exploração capitalista.

## Revolução Espanhola (1936-1937): a revolução vermelha e negra

Barcelona, 1936. As memórias militantes são às vezes seletivas e simplificam a complexidade dos fatos. Por exemplo, está praticamente entendido que a Revolução de 1917 é a realização dos bolcheviques e que a Revolução Espanhola de 1936, a dos libertários. Entretanto, em cada um dos casos, isso significa reter unicamente a corrente que se viu em posição de modificar o curso dos acontecimentos, em detrimento da outra, que não teria sido também protagonista. Ora, além dos conflitos e das rupturas entre bolcheviques e anarquistas, as conexões entre essas duas famílias efetivamente existiram, ao longo de cada uma dessas revoluções.

1936. A Espanha não é apenas o teatro de uma guerra heroica contra o franquismo e os fascismos europeus, não é somente o ponto de encontro trágico e frustrado da resistência ao perigo fascista, da luta dos brigadistas internacionais que poderiam ter poupado aos povos do mundo inteiro o grande desastre da Segunda Guerra Mundial. Mais do que uma repetição geral de 1939-1945, a Guerra da Espanha foi uma revolução. Uma revolução autêntica, vinda de baixo, marcada pela propulsão do povo para a frente da cena histórica. Suas realizações foram eminentemente sociais: coletivização de terras pelos camponeses, reapropriação social de fábricas pelos conselhos operários, requisição dos transportes públicos pelos operários e pela população.

Em 19 de julho de 1936, uma revolta popular armada é impulsionada pela Confederação Nacional dos Trabalhadores (CNT), sindicato libertário criado

*Afinidades revolucionárias*

em 1910 e com a força de 1,5 milhão de integrantes. Essa rebelião é provocada pelo golpe de Estado militar do general Franco, que contesta a recente eleição da Frente Popular, em 16 de fevereiro. A repentina aceleração da luta de classe é a consumação de um processo que vem de longe: greve geral histórica em 1917, derrotada e seguida por anos de repressão patronal e de autoritarismo político; ditadura de Primo de Rivera de 1923 a 1930, marcada por atividade clandestina, atos espetaculares, ações armadas minoritárias e o renascimento de lutas coletivas; a república natimorta de 1931, antissocial e decepcionante; o retorno de uma direita revanchista em 1933; a revolução frustrada de outubro de 1934... Aqui estão alguns dos abalos políticos sofridos por uma sociedade espanhola à época em plena mutação, violentos com o risco de suscitar sua saturação, sua profunda divisão e mesmo sua implosão. As partes em questão, conservadores *versus* progressistas, nobreza e classes possuidoras *versus* classes populares, aguardam, portanto, mais ou menos, um desenlace que se tornou, pela força das coisas, inelutável. Por isso, em vez de ter desmoralizado os trabalhadores, a revolução malsucedida de 1934 não foi reconhecida como um fracasso definitivo, mas como uma tentativa frustrada, que convidava logicamente a uma nova tentativa.

A partir da primavera de 1935, o movimento operário, embora perseguido – mais de 30 mil de seus militantes estão presos –, reassume a ofensiva. Na sequência da vitória eleitoral da Frente Popular – aliança de socialistas, comunistas e republicanos –, militares fascistas, sob a direção do general Francisco Franco, tentam tomar o poder, em 18 de julho

Cartaz de Arturo Ballaster do Comitê Nacional do CNT, 1936. In: *Espagne 36 les affiches des combattantes de la liberté*, 2005. Imagem gentilmente cedida aos autores pela Éditions libertaires.

de 1936. Em 19 de julho, uma insurreição revolucionária nas principais cidades do país (Barcelona, Madri etc.) impede a vitória da contrarrevolução franquista: é o início da guerra civil. Todos os olhares se voltam então para a Espanha, e o mundo, atormentado pela ascensão do nazismo na Alemanha, do fascismo na Itália e dos expurgos stalinistas na URSS, prende a respiração.

Do ano de 1939, a história oficial retém a derrocada da República espanhola, com a vitória de Franco, com a queda de Barcelona em janeiro, em seguida a de Madri em março. É também o início da Segunda Guerra Mundial. O fim dos anos 1930, antes dessa mudança de rumo, poderia igualmente ser datado mais cedo, de acordo com outra cronologia: a de um ciclo revolucionário que se encerrou no mês de maio de 1937 e começara em 19 de julho de 1936, pela insurreição revolucionária na Espanha. É brutalmente concluído pela ação coordenada da burguesia espanhola republicana e do Partido Socialista Unificado da Catalunha (PSUC), que reagrupa comunistas e socialistas da Catalunha, sob a hegemonia dos stalinistas. Cerca de dois anos antes da queda final dos republicanos espanhóis, portanto.

Disfarce de Stalin e do NKVD [Comissariado do Povo dos Assuntos Internos], sua polícia secreta, o Partido Comunista Espanhol exerceu enorme repressão nesse período, torturando e eliminando inúmeros opositores, inclusive entre os combatentes do franquismo. O Kremlin queria uma Espanha estabilizada e principalmente não agitada por sobressaltos revolucionários incontrolados, que poderiam contrariar o jogo diplomático internacional em andamento. Stalin não desejava naquele momento provocar a Alemanha nazista, estratégia que o pacto germano-soviético de não agressão assinado em agosto de 1939 traria à luz do dia.

A insurreição de 19 de julho de 1936 e a República espanhola proclamada escaparam do controle dos comunistas sob dependência da III Internacional. O movimento de resistência ao *putsch* franquista é conduzido por membros da CNT, a organização anarquista, e do Partido Operário de Unificação Marxista (POUM), fundado em 1935, pela fusão entre o Bloco Operário e Camponês, organização comunista dissidente dirigida por Joaquín Maurín, e a Esquerda Comunista, movimento trotskista de Andreu Nin. Segundo Moscou, os agitadores ibéricos representam um perigo, que é preciso eliminar. Assim, Andreu Nin, uma das grandes figuras do partido marxista antistalinista, e ministro do governo regional da Catalunha, é inicialmente afastado de seu posto, depois preso e finalmente assassinado em junho de 1937 por um comando stalinista. Em menos de um ano, a contrarrevolução burocrática impõe-se e sobrepõe-se à revolução. Durante o verão de 1936, a CNT deixa instalar-se o governo republicano do socialista Largo Caballero, na ideia de que ele simplesmente avalizaria as decisões tomadas na base. Mas não leva em conta as intenções do Partido Comunista e da burguesia republicana, hostis a Franco, mas igualmente reticentes ante o processo revolucionário em andamento. Essa proximidade antinatural, burgueses e comunistas, fundamenta então suas esperanças no governo, para normalizar rapidamente a situação. Dessa forma, a contrarrevolução imiscui-se progressivamente na vida política e emperra as engrenagens da revolução. Desde o mês de setembro de 1936, é dissolvido o Comitê das Milícias, órgão da luta armada revolucionária. O filme de Ken Loach, *Terra e liberdade*, imortalizou em cenas especialmente pungentes o drama que foi o desarmamento dessas milícias: o poder foi retirado do povo em armas, entregue inteiramente ao governo republicano, o que eliminou um espinho no pé da burguesia – e não dos menores. A benevolência da direção da CNT em relação ao poder republicano é surpreendente.

Em novembro de 1936, o anarquista Durruti morre atingido por uma bala perdida, de maneira provavelmente acidental, mas em circunstâncias que permanecem não elucidadas. Assim, aquele que, além de seu sucesso militar, havia conseguido marcar sua autonomia diante do governo e opor-se à militarização das milícias libertárias, deixa órfãos inúmeros revolucionários. Em dezembro, o POUM é excluído do governo catalão. No início de maio de 1937, uma insurreição operária surge repentinamente em Barcelona, conduzida pela CNT e pelo POUM, para contrapor-se à tentativa de captura, pela polícia do Estado, da central telefônica, até essa data sob controle operário. Essa revolta é finalmente derrotada, anestesiada em parte pelos apelos à pacificação, lançados pelos ministros ditos "Cntistas" do governo. Em meados de maio, a demissão do governo Caballero, considerado excessivamente à esquerda pelos stalinistas e incapaz de reprimir o POUM, leva à nomeação de Juan Negrín, que tem todo o apoio comunista: é a reviravolta final da situação. Com o assassinato de Andreu Nin em junho, fechou-se o círculo contrarrevolucionário.

Portanto, a Revolução Espanhola não é a síntese sonhada de marxistas e libertários, longe disso. Não se trata de procurar embelezar a história. Aliás, o POUM e a CNT não defendiam a mesma linha política, no que dizia respeito à unidade ou à participação nas eleições, entre outras questões. Entretanto, muitos destinos militantes das duas correntes mesclaram-se no coração do processo revolucionário.

Assim, o poeta surrealista francês Benjamin Péret (1889-1959), um dos representantes do secretariado do movimento da IV Internacional na Espanha, decidiu combater, em março de 1937, nas fileiras da coluna Durruti.[9] Igualmente, anarquistas divulgaram abertamente solidariedade ao POUM, que enfrentava, no sangue, a repressão stalinista. É o caso de Camilo Berneri (1897-1937), anarquista italiano envolvido na revolução espanhola e assassinado pelo NKVD em 1937, que declara: "É preciso dizer bem alto que aquele que insulta e calunia o POUM e pede sua supressão é um sabotador da luta antifascista e não será tolerado".[10]

Sob certo ponto de vista, a contrarrevolução stalinista reaproximou as duas correntes. O escritor marxista revolucionário George Orwell, ele próprio engajado nas fileiras das milícias do POUM, enfatiza essa proximidade, essa "solidariedade" recíproca.[11] Ele confessa que "por preferência puramente pessoal, teria gostado de estar com os anarquistas" e resume a situação:

> Durante os dois primeiros meses da guerra, foram os anarquistas, mais do que todos, que salvaram a situação, e muito mais tarde, a milícia anarquista, apesar de toda a indisciplina, tinha reconhecidamente os melhores combatentes... Mais ou menos a partir de fevereiro de 1937, os anarquistas e o POUM podiam ser, até certo ponto, confundidos.[12]

---

9  Ver "Benjamin Péret" (p.89).

10  Beneri, *En defensa del POUM, 15.01.1937. Humanismo y anarquismo.*

11  Orwell, *Hommage à la Catalogne*, p.25.

12  Ibid. p.126 e 251.

E, de fato, sobre as barricadas erguidas durante as jornadas de maio contra a tentativa do governo de recuperar a central telefônica de Barcelona, as senhas para circular eram: "CNT-FAI ou CNT-POUM". No fundo, a morte não explicada de Durruti em novembro de 1936 refreou a esperança de uma revolução libertária autêntica. O desaparecimento de Andreu Nin em junho de 1937, assassinado pelo NKVD, marca um grande ponto de viragem na revolução. O POUM compreende a situação e propõe uma frente comum revolucionária "CNT-POUM". Essa frente já existe desde janeiro, iniciada pela Juventude Comunista Ibérica, a organização de juventude do POUM. Portanto, em 3 de maio, o POUM sugere à CNT inspirar-se nesse modelo e que sejam reunidos em um polo comum a CNT, a Federação Anarquista Ibérica (FAI),[13] o POUM e a esquerda socialista, quer dizer, todos os movimentos políticos representativos da insurreição de Barcelona. Persuadida de que a demonstração de força da revolta barcelonense bastaria, na expressão utilizada por ela própria, "para mostrar os dentes" ao governo central, a direção da CNT, em situação amplamente hegemônica em relação à classe operária, recusou categoricamente o acordo. Com isso, enterrou então, sem compreender, a esperança de um novo impulso no processo revolucionário. Naquelas semanas, inúmeros debates agitam a CNT: os "Amigos de Durruti", coletivo anarquista criado em março de 1937, criticam severamente as escolhas da Confederação. Se a união entre esse coletivo e o POUM não foi feita, deve-se mais a circunstâncias do que a razões políticas: os

---

13 Ver "Buenaventura Durruti" (p.80).

grupos não estavam presentes nas mesmas regiões, estavam separados pelas linhas de frente. Por outro lado, o POUM fez parte do percurso com as juventudes libertárias, que também criticam a escolha da recusa feita pela CNT.

Passados os anos, com sua carga de remorsos e de frustrações, é tentador reter do *tandem* hipotético Durruti-Nin a dupla face da revolução espanhola. Durruti não era marxista, era um anarquista convicto. Apesar disso, optou por princípios organizacionais, assunto espinhoso no movimento libertário, pois evoca implicitamente a questão da tomada de poder. Andreu Nin e seu companheiro e camarada Joaquín Maurín eram diretamente originários do sindicalismo revolucionário da CNT. Militante da Confederação desde 1918, Nin havia desempenhado um papel essencial no Congresso de 1919, no qual se colocou a eventualidade de um apoio à Revolução Russa e a adesão à III Internacional. Nin simbolizava o período "soviético" da CNT, na qual havia chegado ao secretariado-geral em março de 1921. De abril de 1921 a junho de 1922, a CNT havia sido membro da Internacional Sindical Vermelha, que reagrupa os sindicatos revolucionários de todos os continentes. Em seguida, sob a pressão dos anarquistas, havia recuperado sua independência.

Inicialmente mandatário da CNT, em seguida militante independente sem restrições, Nin atuou em Moscou, entre 1921 e 1930, no secretariado da Internacional Sindical Vermelha. Convivia ali com numerosos sindicalistas revolucionários e libertários, atraídos ao comunismo pela Revolução de Outubro, que afluíam dos quatro cantos do mundo. Da França, especialmente. Havia travado conhecimento com

Pierre Monatte e Alfred Rosmer. Este último deveria encontrar no par que formavam Nin e Maurín durante a Revolução Espanhola um reflexo ibérico de seu binômio com Monatte: "Os [representantes] de uma nova geração de sindicalistas, menos propensos a discussões intermináveis e mais bem preparados para compreender o sentido profundo da Revolução de Outubro".[14] Os debates conduzidos no seio da III Internacional haviam gerado proximidades políticas. Era o caso de Nin e Trotski, a relação entre eles é forte, mas complexa: a cumplicidade política, contudo posta à prova em numerosos dossiês internacionais, interrompe-se com a fundação do POUM, em 1935, reprovada por Trotski, que não está convencido do fato de organizar um movimento à parte, com base em uma aproximação com o partido de Maurín, que julga centrista – nem revolucionário nem reformista. Apesar disso, em sua obra consagrada ao POUM, Wilebaldo Solano insiste no fato de que Trotski seguiu com atenção e simpatia a epopeia da corrente marxista antistalinista, particularmente visada pela repressão de Moscou.

Em definitivo, essa revolução deve ser inscrita nos capítulos das tão numerosas revoluções inacabadas ou traídas. Constitui também uma história partilhada. O instinto de propriedade é tenaz, mesmo no seio das diversas filiações revolucionárias. Nossas memórias também são coletivas. Sem negar o papel preponderante e central do Partido Bolchevique em

---

14 Intervenção de Alfred Rosmer por ocasião da homenagem internacional prestada a Andreu Nin, em 24 de junho de 1954, *La Bataille*, extraída do livro de Solano W. *Le POUM: Révolution dans la guerre d'Espagne*, p.241.

1917 na Rússia, ou o da CNT na Espanha em 1936, é preciso salientar que essas duas revoluções não são nem o apanágio de uns, nem o domínio privativo de outros, mas duas experiências compartilhadas, das quais é preciso extrair ensinamentos. Todos aqueles e aquelas que ainda hoje querem mudar o mundo deveriam se inspirar nelas.

## Maio de 68

Nanterre, 1968. A maioria dos historiadores concorda em considerar a formação do "Movimento 22 de Março" (M-22) como ponto de partida da agitação estudantil que resultará em Maio de 68. Ora, como se sabe, esse movimento foi criado graças à convergência de visão e de ação de anarquistas e marxistas, seus dois porta-vozes mais conhecidos sendo o libertário Daniel Cohn-Bendit e o "trotsko-guevarista" Daniel Bensaïd, um dos fundadores da Juventude Comunista Revolucionária (JCR).

Na origem do 22 de Março, a prisão de um estudante de Nanterre, militante da "Jecreu", Xavier Langlade, que havia encabeçado uma ação direta contra a sede do American Express: vidros quebrados e pichação da palavra de ordem "FNL vencerá". Reunidos em assembleia na Universidade de Nanterre, centenas de estudantes decidem, em 22 de março, ocupar a torre do reitorado e exigir a liberação de Langlade. Nos dias que se seguem, a mobilização amplia-se e um grupo de militantes decide fundar o Movimento 22 de Março, nome provavelmente inspirado, não sem um fio de ironia, pelo cubano "Movimento 26 de Julho"...

Em seu livro redigido no calor dos fatos, com Henri Weber, pouco depois dos "acontecimentos", Daniel Bensaïd descreve o M-22 como um movimento criado por desorganizados, anarquistas e militantes da JCR "a partir de concessões recíprocas e com base em uma experiência política comum que é o ponto de partida ao debate, sem que o acordo sobre 'uma linha' seja um pré-requisito à ação".[15] Muito mais tarde, em 2004, em suas memórias, ele define o movimento como anti-imperialista (solidário com o povo indochinês e cubano), antiburocrático (solidário com os estudantes poloneses e a Primavera de Praga) e anticapitalista (solidário com os operários de Caen e de Redon[16]) – lista à qual conviria certamente acrescentar "antiautoritário"...

No livro consagrado aos atores de Maio de 68, que recolhe inúmeros testemunhos sobre os acontecimentos –, Hervé Hamon e Patrick Rotman falam do M-22 como de "uma mobilização, um cadinho, sem programa, sem hierarquia oficial, sem dirigentes eleitos". Se Cohn-Bendit consegue assumir o papel de líder, é porque ele é "suficientemente libertário para os anarquistas, suficientemente ponderado para os leninistas". A heterogeneidade política do movimento é evidente: "Se eles se sentassem em torno de uma mesa para discutir doutrina, conjuntura ou teoria, seu companheirismo não duraria dez minutos. O único cimento que os acopla é a ação".[17] A fórmula é um pouco exagerada, visto que sem um mínimo de acordo político, não só o movimento não

---

15 Bensaïd; Weber, *Mai 68: une répétition générale*, p.101.
16 Bensaïd, *Une lente impatience*, p.80.
17 Hamon; Rotman, *Génération: les années de rêve*, p.431.

teria desencadeado ações, mas também não conseguiria fazer reuniões nem publicar panfletos em comum. Hamon e Rotman interessam-se pelo papel desempenhado por Bensaïd, que representa a JCR no 22 de Março:

> Ele respeita e ama a espontaneidade. Imediatamente compreendeu a originalidade da proposta, entendeu que ela quebra oportunamente o ritual militante ancestral, que atravessa no bom momento as clivagens dos grupelhos. Prega a unidade, cola em Cohn-Bendit, cujo ponto de vista compartilha *grosso modo*: são membros do 22 de Março os que aceitam as iniciativas decididas em comum.[18]

Portanto, não é por acaso que Daniel Bensaïd se torna o traço de união entre marxistas revolucionários e libertários. Nascido e educado em Toulouse, cidade marcada pela cultura política de exilados anarquistas da Guerra Civil Espanhola, muito cedo ele integrou essa história em sua visão do combate pelo socialismo. Como conta em suas memórias, o bar de sua mãe era frequentado por refugiados espanhóis: "Eu prestava uma enorme atenção aos relatos épicos da guerra de Espanha".[19]

Se a corrente libertária em torno de Cohn-Bendit aceita sem muitas dificuldades cooperar com os marxistas revolucionários, é também porque se trata de uma mobilização interessada nas ideias de marxistas heterodoxos, como Henri Lefebvre, Herbert Marcuse e, com certeza, Guy Debord. Decerto não esquecem

---

18 Ibid., p.432.
19 Bensaïd, *Une lente impatience*, p.39.

o Kronstadt,[20] mas o marxismo como tal não é um obstáculo, bem ao contrário.

O M-22 desempenha um papel importante no movimento estudantil de maio e, além dele, as ideias libertárias têm ampla influência. Embora os grupos anarquistas organizados – por exemplo, a Federação Anarquista – tenham um papel limitado, vários temas da cultura anarquista exercem uma atração considerável: por exemplo, o antiautoritarismo, a rejeição das organizações políticas ou sindicatos burocráticos, a valorização da espontaneidade, a oposição ao Estado e a suas instituições.

Muitos observadores ficaram surpresos pela presença, ao lado da bandeira vermelha, da bandeira negra nas manifestações e barricadas. Autor de um dos livros mais interessantes sobre Maio de 68, o jornalista inglês Daniel Singer, marxista influenciado por Rosa Luxemburgo, avalia: "No maio francês, era possível escutar claramente ecos antiautoritários de Proudhon, bem como de Bakunin". A seus olhos, "a ressurreição de certas formas de anarquismo [...] era uma reação sadia contra a degenerescência burocrática do movimento operário oficial", um movimento que parecia ter esquecido suas origens revolucionárias e libertárias.[21]

Portanto, não foi um acaso que libertários e marxistas revolucionários da JCR se encontraram com uma multidão de jovens desorganizados motivados pela revolta e pela indignação, nas barricadas do Quartier Latin, na "noite de fogo" de 9 de maio. Contrariamente aos "trotskistas ortodoxos"

---

20  Ver p.109.
21  Singer, *Prelude to Revolution: France in May 68*, p.357-359.

do Partido Comunista Internacionalista (PCI), seguidor de Lambert, ou dos marxistas-leninistas maoistas da União das Juventudes Comunistas Marxistas-Leninistas (UJCML), que viraram as costas às agitações "pequeno-burguesas". Sem falar, obviamente, do Partido Comunista Francês (PCF) stalinista, que não para de denunciar os "grupelhos" que "fazem o jogo do governo"... Bem diferente foi a atitude dos jovens que descobrem "sob a calçada a praia": para além dos desacordos – bem reais –, os adeptos revolucionários da bandeira vermelha e os da bandeira negra reencontram-se, muito naturalmente, "do mesmo lado da barricada", no sentido próprio e figurado.

Essa aliança de fato produz-se também no apoio às greves de massa – as mais importantes da história francesa moderna – em maio de 1968, às ocupações de fábricas, nas críticas das burocracias sindicais e na impulsão dada para que sejam constituídos comitês de greve. Certamente, libertários e JCR têm apenas uma influência limitada sobre o movimento operário, mas alguns setores da juventude operária e algumas correntes críticas nos sindicatos não são insensíveis aos apelos de auto-organização.

## Do altermundialismo aos Indignados

Em nossos dias, um pouco em toda parte no mundo. Pode-se dizer que a primeira iniciativa que preparou a criação do movimento altermundialista foi a Conferência Intercontinental – até mesmo "intergalática", na expressão irônica do subcomandante Marcos – contra o neoliberalismo e a favor da humanidade, convocada pelo Exército Zapatista de Libertação Nacional (EZLN) nas montanhas longínquas de Chiapas, no México, em 1996.

Entretanto, a história retém como origem direta do movimento as grandes manifestações de rua, em Seattle, no final de novembro e nos primeiros dias de dezembro de 1999, contra o novo ciclo de negociações da Organização Mundial do Comércio (OMC), que reuniram mais de uma centena de países. Nessa ocasião, dezenas de milhares de manifestantes enfrentaram, durante vários dias, as forças policiais norte-americanas. Muito diversificada, a mobilização ia *"from teamsters to turtles"*, quer dizer, dos sindicatos de caminhoneiros aos ecologistas, fantasiados de tartarugas! Mas havia também uma multidão de jovens, entre os quais libertários e marxistas. Um dos principais organizadores do movimento de Seattle foi a Rede de Ação Direta (DAN), rede horizontal que liga por afinidade grupos partidários de ações de resistência civil não violenta, com sensibilidade libertária. Entre os sindicalistas, militantes de Labor Notes, corrente animada por marxistas revolucionários do grupo Solidarity.

Dois anos após Seattle, em janeiro de 2001, realiza-se em Porto Alegre, no sul do Brasil, o primeiro Fórum Social Mundial, resultado da iniciativa comum de um grupo francês ligado à associação Attac, criada logo após Seattle, e ao jornal *Le Monde Diplomatique* (Bernard Cassen) e de um grupo de brasileiros, ligado aos movimentos sociais (Francisco Whitaker, Oded Grajew). Por detrás da palavra de ordem "Um outro mundo é possível", o FSM pretende ser uma alternativa visível ao Fórum Econômico Mundial, que reuniu naquela mesma semana, como todos os anos, em Davos (Suíça) a nata dos banqueiros, políticos, empresários e outros "sangradores do mundo" capitalistas. Os marxistas revolucionários, especialmente brasileiros, têm um papel decisivo na organização do primeiro Fórum, principalmente pela intermediação entre a prefeitura de Porto Alegre, à época bastião do Partido dos Trabalhadores (PT), e a corrente Democracia Socialista, à qual pertence o prefeito da cidade, Raul Pont. Quando o Fórum deixa a cidade de Porto Alegre, em sua quarta edição, em 2004, outros militantes da corrente marxista revolucionária tomam a dianteira, especialmente Éric Toussaint, animador do Comitê para a Abolição da Dívida do Terceiro Mundo (CADTM). Publicado em 2003, um dos primeiros livros a fazer o balanço da experiência do FSM em Porto Alegre é de um brasileiro, da corrente Democracia Socialista, José Correa Leite, mais tarde militante do Partido do Socialismo e da Liberdade (PSOL).[22]

Inicialmente, os libertários estavam divididos quanto a sua participação no FSM. Entre eles, militantes dos movimentos sociais, de sindicatos, de movimentos camponeses e estudantis haviam decidido estar presentes desde a primeira edição. Grupos anarquistas organizados, em certos casos, montaram suas próprias iniciativas paralelas e separadas, principalmente nos acampamentos de juventude, integrados ao FSM, mas gozando de uma certa autonomia. Portanto, a sensibilidade libertária não esteve ausente do acontecimento anual e mundial, constituído pelo primeiro FSM.

---

22 Leite, *Fórum Social Mundial: a história de uma invenção política*.

Afinidades revolucionárias

Essas divisões já não estavam mais na ordem do dia nas grandes manifestações altermundialistas seguintes, fossem as reuniões por ocasião das conferências da OMC ou do FMI, ou contra o G8, como em Gênova em julho de 2001, ou ainda, em seguida, as manifestações de 2003 contra a guerra anunciada no Iraque. Essa mobilização comum perdurou durante os anos 2000. Na multidão de manifestantes – em Gênova foram centenas de milhares –, encontram-se todas as sensibilidades altermundialistas, desde católicos de esquerda até marxistas, passando por pacifistas, libertários, ecologistas... Trata-se da mesma diversidade existente nas manifestações de protesto do final dos anos 1990. Entre os movimentos que fizeram a ligação entre essas tendências, um dos mais interessantes, com forte componente libertário, foi a rede inglesa Reclaim the Streets [Retomem as ruas], movimento de ação direta não violenta, que recusa qualquer institucionalização: em 19 de junho de 1999, às vésperas da abertura do G7, havia paralisado a City, o bairro de negócios de Londres, com uma manifestação de 10 mil pessoas.

Entretanto, no início dos anos 2000, os libertários vão se cindir em duas tendências distintas: a dos partidários de ações violentas minoritárias – mais conhecidos pelo nome de Black Block, nebulosa pouco organizada mas unida na ação –, e uma outra que reúne um espectro amplo, estendendo-se de pacifistas convictos a partidários da greve geral insurrecionista. Os marxistas revolucionários, que certamente não são pacifistas, tendem em geral a favorecer as ações de massa unitárias e desconfiam das iniciativas dos Black Block, organizadas em grupos pequenos. Essas ações podem ter às vezes consequências involuntárias trágicas: foi o caso, por exemplo, na Grécia em 2010. Durante uma grande manifestação de massa, militantes – muito provavelmente ligados aos Black Bloc, costumeiros dessa prática – jogaram coquetéis Molotov em um banco. No incêndio do estabelecimento, morreram três trabalhadores. Foi incriminada a responsabilidade dos incendiários, mas também do banco que havia decidido trancar as portas para impedir que seus empregados se juntassem à manifestação.

No Egito, um ano e meio após o início da Primavera Árabe, que expulsou Hosni Moubarak do país, as tentativas de organização em estilo Black Block de vários grupos de jovens, entre os quais numerosos torcedores de futebol, tentam resistir aos ataques da repressão policial e das milícias a soldo do novo poder, nas ocupações da praça Tahrir, no centro do Cairo. Desde 2012, para esses grupos ameaçados pela mudança que sofreu o processo revolucionário, é questão de proteger-se das violências contrarrevolucionárias, venham elas do exército ou do governo Morsi, próximo dos Irmãos Muçulmanos. No final de 2012 e em 2013, a repressão atingiu, com efeito, não só os oponentes dos Irmãos, mas também os anarquistas e os marxistas egípcios, do Movimento Socialista Libertário ou dos Revolucionários Socialistas, por exemplo.

Um último exemplo recente é o Movimento Passe Livre (MPL) – movimento em defesa do transporte público gratuito – no Brasil: a luta contra o aumento do preço dos transportes desencadeou uma mobilização popular ampla e impressionante no Brasil em junho de 2013. Fundado em janeiro de 2005, por ocasião do Fórum Social Mundial em

Porto Alegre, consiste em uma rede federativa "horizontal", com coletivos locais autônomos. Com sensibilidade anticapitalista libertária, os ativistas que são membros do movimento vêm de diferentes horizontes políticos: trotskistas, anarquistas, altermundialistas, neozapatistas; com uma ponta de humor, alguns se definem como "anarco-marxistas punk".

Os libertários contribuíram muito com o movimento altermundialista: uma oposição radical ao capitalismo e ao estatismo, uma desconfiança sadia em relação às burocracias dos sindicatos institucionalizados, uma prática horizontal contraposta ao verticalismo dos partidos de esquerda, um espírito de iniciativa, fora das rotas trilhadas pelo movimento operário tradicional. Os principais desacordos entre eles e os marxistas revolucionários dizem respeito, paradoxalmente, a questões de "procedimento democrático": convém tomar decisões por consenso ou por maioria? Convém criar assembleias permanentes ou eleger delegados? Outro pomo de discórdia, de natureza estratégica: o futuro é construído a partir de experiências locais de comunidades libertadas ou em um combate político contra o sistema? Qual é a escala adequada? Correntes libertárias e revolucionárias permanecem divididas sobre esse ponto crucial, sobre o qual voltaremos mais adiante.[23]

Encontram-se mais ou menos as mesmas qualidades e as mesmas contradições nos movimentos que prolongam atualmente o altermundialismo: os protestos dos Indignados na Europa, a iniciativa Occupy Wall Street, de início em Nova York, depois

---

23 Ver p.154.

em numerosas cidades dos Estados Unidos. Esses movimentos retomam certos temas – por exemplo, a crítica do neoliberalismo e do capitalismo financeiro – dos Fóruns Sociais, mas inventam novas formas de ação, frequentemente inspiradas na Primavera Árabe, como, por exemplo, a ocupação de praças centrais – o equivalente da célebre praça Tahrir do Cairo –, como foi o caso na praça do Sol em Madri, da praça Syntagma em Atenas, do parque Zucotti em Nova York ou da praça Taksim em Istambul. Encontra-se a inspiração libertária na prática de "assembleias gerais permanentes", que foi o modo de funcionamento privilegiado do movimento dos Indignados.

Os dois jovens universitários e militantes catalães, membros da Izquierda Anticapitalista, Josep Maria Antentas e Esther Vivas, insistem nessa dimensão em sua obra *Planeta indignado – ocupando el futuro*:[24] entre seus "múltiplos significados", a ocupação das praças reveste um caráter eminentemente democrático. Transforma "um lugar historicamente construído para a exibição pública do poder, por meio de edifícios e monumentos emblemáticos, em lugar de contestação" e solapa a distribuição normal do espaço público, transformando assim a mesma praça em espaço democrático. As deliberações que nelas ocorrem trazem em si uma busca profunda da autorrepresentação política, temática cara tanto aos libertários quanto aos marxistas autogestionários. Assim, embora esses dois "*rounds* de combate ao capitalismo global" desenvolvam-se em contextos diferentes, um deles, o altermundialismo, em

---

24 Antentas; Vivas, *Planeta Indignado*.

reação ao neoliberalismo triunfante do início dos anos 1990, o outro, os Indignados, em resistência à grande crise do capitalismo de 2008, esses dois ciclos se perpetuam e alimentam-se em um mesmo movimento, no qual as questões sociais e democráticas se misturam. Razão pela qual militantes das margens vermelha ou negra estão lado a lado.

## Carta a Louise Michel (1830-1905)

Cara Louise,

Esta carta provavelmente a teria contrariado, você, a revolucionária que não suportava o culto da personalidade. Mas, veja você, aqui na França, mais de 100 anos após sua morte, o poder – que merece mais do que nunca nossa desconfiança – só celebrava o aniversário dos vencedores. Napoleão ainda faz a primeira página dos jornais, dois séculos após sua coroação. Sobre a Comuna de Paris, primeira revolução conduzida pelo e para o povo, não faz mais verdadeiramente sentido falar dela, ou faz muito pouco. Entretanto, a primavera de 1871 deixou entrever o que ainda era apenas um projeto: uma outra sociedade, diferente da constituída pelo capitalismo, revelava-se possível. Algumas semanas, é curto. Mas quando uma revolução intimida o tempo, unidades e grandezas amedrontam-se – essa experiência deve ter parecido séculos a seus camaradas e a você, e sem dúvida uma eternidade para os contrarrevolucionários versalheses. Uma eternidade resumida em algumas linhas de nossos manuais de história, uma eternidade amputada, atrofiada pelo rolo compressor de um pensamento único ainda dominante.

Hoje, se você soubesse, as poucas ruas que levam seu nome estão próximas das avenidas batizadas Thiers e MacMahon. Sim, Louise, os carrascos dos membros da Comuna ainda têm prestígio, sem que a maioria saiba que são responsáveis pelo banho de sangue e fizeram abater mais de trinta mil parisienses. Faminta mas altiva, exaurida por meses de cerco militar, a multidão dos anônimos parisienses está livre para sempre. Hoje, no 18º *arrondissement* de Paris, onde você lecionou e defendeu a Comuna, observo os turistas que fotografam o Sacré-Coeur; a maioria deles ignora que esse monumento foi construído para expiar os espíritos subversivos como o seu. No século XXI, os "versalheses" moram em Neuilly-sur-Seine. A rua Perronet, onde sobre uma barricada você havia durante vários dias dado tiros para impedir que o inimigo retomasse as chaves da cidade, não mostra mais o menor traço dos bombardeios que acertavam em cheio seus abrigos, feriam seus corpos e seus sonhos. Perto dali, em Levallois, onde você está enterrada, os aproveitadores rechaçaram o povo do centro, com grande ajuda dos incorporadores imobiliários. Apesar de tudo, em Levallois, como nas redondezas, perto da Butte, ao norte de Paris, sua sombra ainda paira e carrega a esperança infatigável de um mundo mais justo e emancipado. Essa mudança tão esperada, a República recentemente impulsionada pela expansão de uma burguesia industrial em plena ascensão, e não pela queda do Império, ridicularizado e derrotado em Sedan pelos prussianos, em 1º de setembro de 1970, certamente não o desejava. Ela já havia gentilmente comunicado isso ao proletariado parisiense, em junho de 1848, ao massacrar milhares

Louise Michel, litografia de A. Néraudan, 1880. © Photothèque Hachette Livre.

de operários que pensavam que sua hora havia chegado. Em 1871, as classes possuidoras não mudaram de opinião. Assim, antes pactuar com o inimigo "exterior" da véspera – os prussianos –, mas aliado social de sempre, acoplado pelos mesmos apetites financeiros, do que criar uma união contranatural com o inimigo "interior" de sempre, o povo de Paris. Antes Bismarck do que Blanqui! Eis a palavra de ordem de Thiers e seus comparsas.

Porém, veja só, o povo de Paris, nesses tempos de guerra, detém armas e canhões. Nada fácil para a Assembleia refugiada em Versalhes recuperar os equipamentos. Na realidade, em 17 de março de 1871, mais do que os canhões, é seu destino que os versalheses quiseram desarraigar. Mas o ímpeto popular prevalece sobre a reação, a insurreição sobre a humilhação e a fraternização entre os soldados e a Guarda Nacional sobre a repressão. Foi uma revolução. É bem verdade, a Comuna teve muitas vicissitudes e dificuldades a superar, ela não pôde e não soube chegar a um final feliz. Mas pode se vangloriar de ter aberto, para sempre, uma brecha na fortaleza das ideias dominantes: a prova de que revolução e democracia podem caminhar juntas. Apesar de seus limites, a experiência da Comuna ainda ecoa nesta hora em que a globalização capitalista, que faz sua crise ser paga pelos povos, transforma tudo em mercadoria, até mesmo a democracia. A repartição igualitária das riquezas necessita sempre tomá-las à ínfima minoria dos possuidores para restituí-las à imensa maioria dos explorados. Exige sempre que se desafie o poder incontrolado que exercem esses privilegiados tanto sobre a economia quanto sobre o conjunto da sociedade. A democracia comunalista funcionava de baixo para cima; combinava sufrágio universal e democracia direta, garantindo o multipartidarismo, a liberdade de imprensa, bem como o controle e a revogabilidade dos eleitos.

Seu nome, Louise Michel, ressoa como uma afronta aos ouvidos dos adversários da mudança e de outros partidários do "realismo". Os conservadores de direita como os da esquerda liberal afirmam que as revoluções levam sempre a uma tragédia sangrenta: entretanto, nenhum deles ignora que o muro dos Federados do cemitério Père-Lachaise foi esborrifado com o sangue dos membros da Comuna e não dos reacionários versalheses. Tanto faz para eles, também nossas lembranças são desprezíveis a seus olhos. Sua determinação fez de você um elemento definitivamente irrecuperável para o sistema. Diante do tribunal que iria condená-la a trabalhos forçados, você encara os juízes com desdém e faz o processo dos carrascos da Comuna. O mundo às avessas para esses notáveis respeitáveis! Além do mais, uma mulher! Pois essa revolução, você a conjugou no feminino, mesmo no feminismo; a luta pela emancipação das mulheres foi um grande combate dentro do movimento comunalista, pois os reflexos machistas também lá eram prática corrente. Entretanto, as primeiras manifestações de setembro de 1870 foram conduzidas por mulheres. As condutoras de ambulância de Montmartre, vindas em auxílio aos feridos, apanharam os fuzis dos homens caídos para combater no lugar deles e defender a barricada. Insubmissa, militante, incendiária[25]... você representa tudo isso ao mesmo tempo no imaginário misógino e rancoroso do universo versalhês. Os dirigentes daquele mundo só poderiam odiá-la.

Você não se via como mártir, nem como santa laica, nem como virgem vermelha. Com certeza, você amava o gosto da pólvora, mas não tinha a tendência suicida que alguns especialistas gostam de atribuir a quem – especialmente se for uma mulher – ouse desafiar um exército de poderosos. Você sentia curiosidade pela vida, que desfrutava ao limite, você acreditava em um futuro melhor, você, a poetisa, a aprendiz científica, a artista, a professora.

Para você, a revolução não era a história de um momento, era o compromisso de uma vida. Ser revolucionário significa estar além das flutuações sociais e políticas. Quase uma década de trabalhos forçados na Nova Caledônia não venceriam seu entusiasmo. E os canacas que ainda combatem por sua

---

25 Em francês, *petroleuse*, termo utilizado para acusar as mulheres apoiadoras da Comuna de provocar incêndios em Paris. (N. E.)

independência lembram-se de você, a rara partidária da Comuna que os apoiou. Nos primeiros passos de seu retorno do exílio, ainda mais combativa, você desafia a repressão com mais força. Ali onde alguns já teriam desistido, você brande sua bandeira negra com mais força, a despeito da prisão e dos processos. Anarquista, você não gostava de sectarismo e reclamava antes de tudo da família dos revolucionários. Você gostava de relembrar: "Por meu lado, não me ocupo nunca das questões particulares, estou, repito, com todos os grupos que atacam, seja com picareta, seja com mina, seja com fogo, o edifício maldito da velha sociedade" ("La candidature illégale", artigo publicado em *La Révolution Sociale*"). Seu combate atravessa os anos e incita-nos a agir, aqui e agora.

Foi minha avó, uma professora de Levallois, então uma cidade comunista, quem me falou de você pela primeira vez. Ela desconhecia, imagino, a globalidade de seu combate e de seu pensamento, mas adivinhava que você estava com ela. Você almejou ver levantarem-se "os heróis das lendas dos tempos que vão surgir" e você nos convocava para nos transformarmos em "grandes caçadores de estrelas". É certo, as estrelas parecem ainda bem longínquas, mas brilham claramente, suficientemente para que muitos entre nós pensem que o combate vale a pena.

A você, Louise, saudações revolucionárias

*Olivier Besancenot*

Afinidades revolucionárias

# Pierre Monatte
# (1881-1960)

Existem figuras discretas no panteão do movimento operário. É o caso de Pierre Monatte. Entretanto, seu percurso constitui uma das mais belas páginas do sindicalismo revolucionário na França.

Impressionado pelo caso Dreyfus, o jovem Monatte politiza-se na leitura de Émile Zola e Victor Hugo. Trava conhecimento com militantes anarquistas e incorpora-se a suas fileiras em uma época na qual esses últimos aparecem na primeira página dos jornais, ao ritmo de bombas e de atentados. Sua preferência dirige-se principalmente à ação coletiva e aos jornais e revistas militantes, tais como *Le Père Peinard*, de Émile Pouget, *Le Libertaire*, *Les Temps Nouveaux* ou ainda *Pages Libres*. Vigilante de colégio, empregado de livraria, em seguida corretor de tipografia – o que será até a sua aposentadoria –, Monatte torna-se um militante sindicalista revolucionário fiel. O movimento sindical, em plena ebulição desde os anos 1890, arrasta-o em sua efervescência. Émile Pouget faz com que entre, de início, no Comitê Federal das Bolsas de Trabalho, em 1904. Em 1907, no Congresso Anarquista Internacional de Amsterdã, que reúne delegados de mais de uma dezena de países, a polêmica em que se envolve com um dos maiores nomes do anarquismo, o italiano Errico Malatesta, entra nos anais do movimento operário:

O sindicalismo revolucionário, à diferença do socialismo e do anarquismo que o precederam na carreira, afirmou-se menos por teoria do que por atos, e é na ação mais do que nos livros que deve ser

63

procurado. Seria preciso ser cego para não ver o que existe de comum entre o anarquismo e o sindicalismo. Ambos perseguem a extirpação completa do capitalismo e da atividade assalariada por meio da revolução social. [...] A divisa da Internacional [em 1864] era, os senhores se recordam, a emancipação dos trabalhadores [e] será a obra dos próprios trabalhadores, e ainda é nossa divisa... O sindicato não pode e não deve ser nem anarquista, nem partidário de Guesde ou de Allemane ou de Blanqui, mas simplesmente operário...[26]

Monatte funda em 1909 a revista *La Vie Ouvrière*, em referência à obra de Fernand Pelloutier, que consagrou sua vida à fundação da CGT. Em torno da revista, nasce uma amizade robusta, consolidada pelo vínculo de resistência às vicissitudes da época, com Alfred Rosmer: aquele que era um "simples" empregado na escrituração nas prefeituras parisienses e sindicalizado, falava várias línguas, entre elas o inglês, e havia escrito artigos para *Temps Nouveaux*; de tendência anarquista, aproximou-se do sindicalismo revolucionário. Às vésperas da Primeira Guerra Mundial, Monatte confia-lhe a redação de *Vie Ouvrière*, pois a mobilização para o fronte o afasta de sua tarefa durante três anos. Esses dois caminham juntos, acertando conjuntamente os passos. O binômio simboliza a epopeia de uma geração militante profundamente revolucionária, para além do jogo das etiquetas. Internacionalistas também. Internacionalistas sempre. Contra ventos e marés, atravessam anos caóticos, febris, marcados pela alternância

---

26 Monatte, *Anarcho-syndicalisme et syndicalisme révolutionnaire*, p.19-22.

Afinidades revolucionárias

frenética de esperança e desespero. Ambos resistem sem fraquejar em seu compromisso, embora a época mergulhe em um turbilhão de dúvidas e obscurantismos. A começar pelo da CGT, que se une, no dia seguinte ao assassinato de Jaurès, nos primeiros dias de agosto de 1914, à Sagrada União. Dali em diante, não denuncia mais a carnificina nacionalista da Primeira Guerra Mundial, embora ainda se opusesse agressivamente a ela no final de julho de 1914, e que não houvesse deixado de afirmar sua posição antimilitarista em 1912 e 1913. A direção sindical engolfa-se no fervor patriótico coletivo desejado pelo governo, ao invés de caminhar a contracorrente das ideias dominantes. No interior da CGT, não foram muitos os que ousaram erguer a voz contra a reviravolta política a favor da guerra, cujo prelúdio é marcado pelo discurso do sindicalista Léon Jouhaux, embora amigo deles, junto ao túmulo de Jaurès.

Embora vivamente abalado por essa repentina mudança de rota, de 180 graus, Monatte não cede. É o primeiro responsável sindical a exprimir publicamente sua oposição a essa reorientação, deixando suas funções no comitê confederal da CGT. Sua carta de demissão, redigida no final de 1914, ressoa como um apelo que atravessa as épocas e exorta-nos a nunca sucumbir às sereias chauvinistas e mortíferas do nacionalismo, que erguem os povos uns contra os outros:

> Essa guerra prevista, temida por nós, preparada por nossos políticos de espírito nacional é ela que a maioria do comitê confederal considera agora como uma guerra de liberação para a Europa, uma guerra capaz de levar a liberdade e a república à Alemanha e de destruir o

militarismo universal. Que ilusão! Os trabalhadores conscientes das nações beligerantes não podem aceitar nessa guerra a menor responsabilidade; ela pesa, inteiramente, sobre os ombros dos dirigentes de seus países. E longe de descobrir razões para se reaproximarem deles, só podem reforçar seu ódio ao capitalismo e aos Estados... Se a humanidade tiver de conhecer um dia a paz e a liberdade, no seio dos Estados Unidos do mundo, apenas um socialismo mais real e mais ardente, nascido das desilusões presentes, mergulhado nos rios de sangue de hoje, poderá conduzi-la. Não são, em todo caso, os exércitos dos aliados, nem as velhas organizações desonradas que o farão. É porque eu creio, caros camaradas, que a CGT se desonrou que renuncio, não sem tristeza, ao mandato que me confiaram.[27]

No fundo, Monatte é uma das primeiras grandes figuras públicas na França a empenhar-se em prol do internacionalismo contra a guerra. Em um texto que intitula "Souvenirs", ele explica:

> Eu havia recebido um golpe de bastão. Tinha necessidade de ruminar e de acalentar meu desespero. Tudo desmoronou sob meus passos... Estupefação diante da explosão de chauvinismo no seio da classe operária. Mais ainda diante do descarrilamento de tantos militantes sindicalistas e anarquistas, de quase todos os socialistas. O socialismo acabava de ser morto? A guerra havia varrido o espírito de classe, nossa esperança na emancipação dos trabalhadores de todos os países?... difícil acreditar que nossas ideias de ontem fossem

---

27 Ibid., *Syndicalisme révolutionnaire et comunisme*, p.48-49.

apenas ruínas lamentáveis. Era preciso apegar-se, resistir ao golpe, por mais penoso que fosse.[28]

Em 1917, a Revolução Soviética devolve-lhe esperança e incita-o à experiência comunista. Ele vê na efervescência internacional dessa revolução a possibilidade de regenerar a luta de classe na França. Na carta a Trotski, em março de 1920, escreve:

> A classe operária francesa reencontrará em breve seu espírito revolucionário. Nosso pensamento, hoje como ontem, apoia-se no seu. Vocês lutam por vocês e por nós. Nós lutamos por vocês e por nós, envergonhados de não termos feito mais e de ainda sermos fracos. Mas dias melhores virão. Vêm. Seu triunfo prepara e anuncia o nosso.[29]

Essa carta nunca chegou ao destinatário. Caindo em mãos da polícia francesa, vale a Monatte uma prisão de vários meses com o motivo de complô contra a segurança do Estado. A história dessa carta perdida também é um pouco a desse encontro malogrado entre os sindicalistas revolucionários de primeira hora e o nascimento do Partido Comunista. Encontro no qual Trotski depositou muitas esperanças na França, ele que então considerava o "sindicalismo revolucionário como a única força verdadeiramente revolucionária". Exilado, Trotski reside em Paris e em Sèvres a partir de novembro de 1914, antes de

---

28 Id., Souvenirs. In: *Trois scissions syndicales*, fragmento reproduzido na biografia de Pierre Monatte, escrita por Colette Chambelland no *site* Le Maitron en ligne (Dictionnaire biographique. Mouvement ouvrier. Mouvement social).

29 Id., *Syndicalisme révolutionnaire et comunisme*, p.267.

ser preso pela polícia e expulso em outubro de 1916 para a Espanha, onde não ficou: foi enviado de força para os Estados Unidos no início de 1917. Após seus dois anos na França, onde conheceu o meio sindicalista revolucionário, dedicou-se a convencer os dirigentes históricos da CGT a participarem ativamente da fundação do Partido, aconselhando-os a não mais se ater à linha do sindicalismo das origens, uma linha inapta, segundo ele, a responder aos desafios suscitados pela Revolução Russa. Sugere-lhes que se projetem em um "após" a Carta de Amiens. Embora Rosmer subscreva essa transformação e se envolva prontamente, Monatte, quanto a ele, prefere conservar uma abordagem sindical da política. Razão pela qual permanece um opositor implacável da cisão sindical na França, por exemplo, mesmo convencido da necessidade de aderir à nova Internacional Sindical Vermelha, nascida em 1921: a III Internacional. Razão pela qual igualmente, hesita por muito tempo até entrar no Partido Comunista Francês. Só adere em 1923, ainda que se sinta irresistivelmente atraído pelo ideal comunista, desde 1917. Entretanto, só permanece nele pouco mais de um ano. Enojado com a burocratização insidiosa do Partido, é excluído em novembro de 1924. Assina então um texto com Rosmer e Victor Delagarde, que acaba com estas palavras: "O que é importante não é que possamos ser atingidos pela exclusão, mas que, sob a etiqueta da bolchevização, agravam-se os métodos autocráticos atuais que certamente são a mais flagrante contradição do bolchevismo e do comunismo".[30]

---

30 Ibid., p.415.

A partir dos anos 1925, Pierre Monatte prossegue seu combate por meio de uma nova revista, *Révolution Prolétarienne*. Até o fim de sua vida opositor infatigável do reformismo e do stalinismo, nunca abandonará a ação sindical, sem esquecer de reafirmar regularmente seu internacionalismo, principalmente durante as lutas anticoloniais da Tunísia e da Indochina, no início dos anos 1950.

O ímpeto de Monatte e Rosmer colidiu com as duas grandes tragédias do início do século XX: o nacionalismo da Primeira Guerra Mundial e a contrarrevolução stalinista. Nos interstícios desses monstruosos obstáculos, entretanto, os dois homens conseguiram encontrar um caminho estreito, traço indelével que nos liga a eles.

Monatte é uma estrela vermelha e negra inclassificável. O mais marxista dos libertários de antes da guerra se torna, de certa forma, após o primeiro conflito mundial, o mais libertário dos marxistas. Ele preferia se definir como "sindicalista comunista".

## Rosa Luxemburgo (1870-1919)

Rosa Luxemburgo, a grande revolucionária judia polonesa/alemã, assassinada em janeiro de 1919 pelos bandos paramilitares mobilizados pelo governo social-democrata contra os operários de Berlim, nunca foi anarquista. Em seus escritos, encontram-se inúmeras críticas às ideias anarquistas e sempre permaneceu fiel à concepção marxiana do partido como expressão política da classe. Mas por certos aspectos de seu pensamento e de sua ação revolucionária, estava, no entanto, próxima da cultura libertária: sua crítica do autoritarismo burocrático no seio do movimento operário, seu antinacionalismo, sua confiança na espontaneidade das massas, sua insistência na revolução proletária "por baixo", sua defesa apaixonada das liberdades individuais e coletivas são elementos dessa afinidade latente. Não é por acaso que um dos grandes pensadores do socialismo libertário, Daniel Guérin, consagra-lhe um livro, *Rosa Luxemburgo e a espontaneidade revolucionária* (1971).

Militante polonesa do movimento operário do império tsarista, critica muito cedo as tendências, a seu ver excessivamente autoritárias e centralistas, dos bolcheviques. Refutando, em um artigo de 1904, a ideia – comum a Karl Kautsky e ao primeiro Lenin – de uma consciência socialista introduzida na classe operária "de fora", propõe uma concepção dialética da relação entre consciência e luta:

> Só na própria luta é recrutado o exército do proletariado e também, só na luta, as tarefas da luta se tornam claras. Organização, esclarecimento e luta não são aqui momentos separados, mecânica e temporalmente distintos, [...] mas são apenas diferentes aspectos do mesmo processo.[31]

É óbvio, reconhece Rosa Luxemburgo, a classe pode se enganar ao longo desse combate, mas, em última análise, "os erros cometidos por um movimento operário verdadeiramente revolucionário são, do ponto de vista histórico, infinitamente mais

---

31 Luxemburgo, *Questions d'organisation de la social-démocratie russe* (1904), p.21.

Rosa Luxemburgo © Phototèque Hachette Livre.

fecundos e valiosos do que a infalibilidade do melhor 'Comitê Central'". A autoemancipação dos oprimidos implica a autotransformação da classe revolucionária por sua experiência prática. Demonstra-se a divergência de opinião entre Rosa Luxemburgo e o Lenin de 1903 pela imagem seguinte: para Vladimir Ilitch, redator do jornal *Iskra*, a "centelha" revolucionário é trazida pela vanguarda política organizada, de fora para o interior das lutas espontâneas do proletariado; para a revolucionária judia polonesa, a centelha da consciência e da vontade revolucionária acende-se no combate, na ação de massas.

Os acontecimentos revolucionários de 1905 no Império Russo tsarista confirmam amplamente Rosa Luxemburgo em sua convicção de que o processo de tomada de consciência das massas operárias resulta da ação direta e autônoma dos trabalhadores:

É pelo proletariado que o absolutismo na Rússia tem de ser derrubado. Mas, para tanto, o proletariado tem necessidade de um alto grau de educação política, de consciência de classe e organização. Não se pode aprender todas essas coisas em brochuras ou em panfletos; tal educação ele a adquirirá na escola política viva, na luta e pela luta, no decorrer da revolução em marcha.[32]

Sua concepção da greve de massa difere da dos anarquistas; entretanto, há semelhanças evidentes, como denuncia rapidamente Karl Kautsky (1854-1938), o antigo secretário de Engels, que se tornou um dirigente importante da social-democracia alemã (SPD). Em uma polêmica, em 1913, Kautsky, editor da mais importante revista alemã socialista *Die Neue Zeit* (fundada por ele em 1883), acusa Rosa Luxemburgo de avançar, na brochura de 1906, em teses "anarcossindicalistas" e fazer uma "síntese das concepções social-democratas e anarquistas".[33]

Como dirigente da ala esquerda da social--democracia alemã, Rosa Luxemburgo bate-se contra a tendência da burocracia sindical e política, e da representação parlamentar, de monopolizar as decisões políticas. A greve geral russa de 1905 parece-lhe um exemplo a seguir também na Alemanha: ela tem mais confiança na iniciativa da base operária do que

---

32 Id., *Grève de masse, parti et syndicats* (1906), p.113-4.

33 Kautsky, *Der politische Massenstreik*, p.202-203. Para uma análise das convergências e discordâncias entre a "greve de massa" de Rosa Luxemburgo e a "greve geral" anarcossindicalista, ver Guérin, *Rosa Luxemburg et la spontaneité révolutionnaire*, p.49-63 e 69-83.

nas "sábias" decisões dos órgãos dirigentes do movimento operário alemão.

Ao saber, na prisão, dos acontecimentos de outubro de 1917, solidariza-se imediatamente com os revolucionários vermelhos. Em um texto intitulado *A Revolução Russa*, que redige em 1918, na prisão, e é publicado em 1921, dois anos após sua morte, presta homenagem calorosa aos dirigentes revolucionários de outubro. Mas seu testemunho não a impede de criticar o que lhe pareça errado ou perigoso na política deles. Levando em conta a impossibilidade para os bolcheviques, nas circunstâncias dramáticas da guerra civil e da intervenção estrangeira, de criarem "como por magia, a mais bela das democracias", ela chama a atenção, no entanto, para o perigo de um resvalamento autoritário e insiste na importância decisiva das liberdades individuais e coletivas em todo o processo revolucionário:

> Liberdade somente para os participantes do governo, somente para os membros de um partido – por mais numerosos que sejam –, não é liberdade. Liberdade é sempre a liberdade de quem pensa de modo diferente. [...] Sem eleições gerais, sem liberdade ilimitada de imprensa e de reunião, sem livre debate de opiniões, a vida se despedaça em qualquer instituição pública, torna-se uma vida aparente em que só a burocracia subsiste como único elemento ativo.

O socialismo é um produto histórico "nascido da própria escola da experiência", o conjunto das massas populares deve participar dessa experiência, senão "o socialismo é decretado, outorgado por uma dúzia de intelectuais em torno de um tapete verde".

Para os inevitáveis erros do processo de transição, o único remédio é a própria prática revolucionária: "A própria revolução e seu princípio renovador – a vida intelectual, a atividade e a autorresponsabilidade das massas que ela suscita, portanto a mais ampla liberdade política como forma – são o único sol que cura e purifica".[34] Esse argumento é muito mais importante do que a controvérsia que nasce do capítulo que consagra em *A Revolução Russa* à "Dissolução da assembleia constituinte", sobre o qual concentraram-se as objeções "leninistas".

Sem liberdades democráticas, a práxis revolucionária das massas, a autoeducação popular pela experiência, a autoemancipação dos oprimidos e o próprio exercício do poder pela classe dos trabalhadores são impossíveis.

Seria difícil não reconhecer o alcance profético da advertência de Rosa Luxemburgo. Alguns anos mais tarde, a burocracia se apossaria na União Soviética da totalidade do poder, eliminando progressivamente os revolucionários de outubro. Ao longo dos anos 1930, a exterminação de qualquer suposto opositor seria implacável.

Em um de seus últimos discursos, pronunciado no momento da fundação do Partido Comunista Alemão, Rosa Luxemburgo explicava sua concepção da tomada de poder: contrariamente às revoluções burguesas que se limitam a destituir o poder oficial e a substituí-lo por alguns homens novos, a revolução proletária deve "agir na base": "Devemos conquistar o poder político não por cima, mas por baixo".[35] Sua

---

34 Luxemburgo, *La Révolution russe* (1918), p.82-86.
35 Id., *Notre programme et la situation politique* (1918-9), p.128.

crítica dessa vez é dirigida à social-democracia alemã, que então se limitava a instalar seus homens à frente do Estado burguês...

## Emma Goldman
## (1869-1940)

Brilhante oradora, agitadora infatigável, a anarquista judia russa/americana Emma Goldman é uma das mais cativantes figuras do socialismo libertário do século XX. Nascida na Lituânia, província do Império Russo tsarista, em 1860, emigra aos 15 anos para os Estados Unidos. Sob o impacto da execução dos anarquistas de Chicago – os Mártires do 1º de maio – em 1887, adere às ideias libertárias. Torna-se companheira de um anarquista judeu russo, residente em Nova York, Alexandre (Sasha) Berkman. Ambos planejam a execução do dinâmico patrão Henry Clay Frick, que derrotou, em 1892, uma greve de operários metalúrgicos com a ajuda de uma polícia privada, os Pinkerton. Emma tenta se prostituir para obter o dinheiro necessário à aquisição de um revólver, que deveria servir a Berkman para atirar em Frick – um episódio que inspirará a Jorge Luis Borges um de seus contos mais surpreendentes, "Emma Zunz". O atentado é cometido, Frick sobrevive a seus ferimentos. Sasha Berkman é condenado a uma longa pena de prisão. Em 1901, acusada – injustamente – de ter ligações com Leon Czolgosz, o anarquista que assassinou o presidente William McKinley, a própria Emma é presa; na realidade, ela já havia se afastado do método dos atentados individuais para escolher o da propaganda libertária. Em

1906, após sua liberação da prisão e a de Berkman, ela funda com seu companheiro o célebre jornal *Mother Earth*. Nos anos seguintes, viaja por todo o país, pronunciando discursos corajosos em defesa da contracepção, do amor livre e do anarquismo, contra o patriotismo e o militarismo. Nem Marx nem Bakunin, mas de preferência Kropotkin e Johannes Most – anarquista alemão que emigrou para os Estados Unidos em 1882, após ter sido preso na Alemanha por saudar o assassinato do tsar Alexandre II – estão entre suas principais referências.

Emma Goldman aos 17 anos, em 1886. © Photothèque Hachette Livre.

Apelidada "Emma, a vermelha" pela imprensa submissa, ainda é presa diversas vezes. Após ter denunciado a Primeira Guerra Mundial e conscrição militar, foi expulsa dos Estados Unidos e deportada para a Rússia em 1919, em companhia de Alexander Beckman e de outros militantes de origem russa.

John Edgar Hoover, jovem policial reacionário fanático, às vésperas de sua ascensão fulgurante, organiza sua expulsão do país e declara que Emma Goldman é "uma das mulheres mais perigosas da América".

Entusiasmados, como muitos anarquistas, pela Revolução de Outubro, Emma e Sasha apoiam, desde sua chegada na URSS, em janeiro de 1920, os bolcheviques e fazem amizade com camaradas comunistas marxistas: dividem um apartamento com seus velhos amigos nova-iorquinos, os comunistas John Reed e Louise Bryant. Durante algum tempo após sua chegada, os anarquistas norte-americanos ainda desfrutam de uma certa liberdade, publicam jornais, dão conferências. Emma dialoga com Karl Radek, Alexandra Kollontai, Anatol Lounatcharsky, Angelica Balabanoff, Victor Serge. Os dois amigos são recebidos por Lenin, que manifesta muita admiração e compara-os a Malatesta que, também ele, "está inteiramente do lado da Rússia soviética". "O que têm vontade de fazer, camaradas?", pergunta-lhes. Os dois propõem-se a criar um comitê de apoio às lutas na América, e Lenin regozija-se com essa "brilhante ideia". O diálogo é descrito em detalhe por Emma Goldman em suas memórias.[36]

Durante essa conversa, e por várias vezes ao longo dos dois anos seguintes, Emma e Sasha lutarão para obter a libertação de anarquistas russos presos, frequentemente com sucesso – por exemplo, no caso de Voline.[37] São também encarregados de reunir

---

36 Goldman, *Living my life* (1931), p.765-777.
37 Anarquista russo (1882-1945), Voline desempenha um papel político importante no exército de Makhno, na Ucrânia, a partir do verão de 1919.

documentos para um museu da Revolução, tarefa a que se dedicam com paixão; nessa época, consideram-se ainda partidários leais – mas críticos – da URSS. Emma é também encarregada, com Angelica Balabanoff, de receber a delegação da missão trabalhista inglesa, conduzida por Bertrand Russell, e de convencê-la dos benefícios da Revolução Russa.

Entretanto, Emma Goldman e Alexandre Berkman estão cada vez mais decepcionados com o autoritarismo dos oficiais, as prisões arbitrárias, a onipotência da Tcheka, a repressão crescente exercida contra os anarquistas. Os funerais de Kropotkin em fevereiro de 1921 são a última ocasião para uma manifestação massiva e pública da opinião anarquista na URSS.

O ponto de ruptura vem da revolta de marinheiros e operários de Kronstadt e da repressão que se segue. Pouco antes da ofensiva do Exército Vermelho contra os rebeldes, Emma e Sasha enviam um apelo urgente a Zinoviev, membro titular do Politburo: "A utilização da força contra os operários e marinheiros de Kronstadt", escrevem, "trará um mal incalculável à revolução social", não somente na Rússia, mas em todos os lugares do mundo. "Camaradas bolcheviques, reflitam antes que seja tarde demais." Em vão...

No final de 1921, por ocasião de um convite para um congresso anarquista em Berlim, Emma e Sasha obtêm um visto das autoridades soviéticas e deixam definitivamente a URSS. Encerra-se assim um episódio emblemático da convergência entre anarquistas e comunistas ao longo dos primeiros anos da Revolução de Outubro. Emma Goldman publicará alguns anos mais tarde *Minha desilusão na Rússia*, que faz o balanço amargo de sua experiência pessoal.

Refugiada na Alemanha e em seguida na Inglaterra, vai várias vezes, entre 1936 e 1938, à Espanha, para apoiar o combate antifascista e revolucionário da CNT-FAI. Em seus artigos, denuncia o papel nefasto dos comunistas stalinistas e dos agentes soviéticos, especialmente por ocasião do processo vicioso contra os dirigentes do POUM. Escreve:

> Oponho-me à ideologia marxista do POUM, mas presto homenagem à coragem de Julian Gorkin, Juan Andrade e seus camaradas: a atitude diante do tribunal foi magnífica. A exposição de suas ideias era clara e precisa, não houve escapatória nem desculpa. Os sete homens no banco dos acusados mostraram, pela primeira vez desde a desmoralização de todos os idealistas na Rússia, como revolucionários devem enfrentar seus acusadores.[38]

Falecida no Canadá em 1940, Emma Goldman está enterrada em Chicago, perto do túmulo dos mártires anarquistas do Primeiro de Maio. Sua memória e seu exemplo são celebrados pelos libertários, mas também por muitos marxistas. O historiador Howard Zinn, autor da célebre peça de teatro *Marx in Soho* (1999), também escreveu uma peça intitulada *Emma* (1986).

---

38 Goldman apud Porter, *Vision on Fire. Emma Goldman on the Spanish Revolution*, p.167.

# Buenaventura Durruti
# (1896-1936)

Durruti era um anarquista, militante libertário da Revolução Espanhola. Difícil *a priori* encontrar nele afinidades com o marxismo. Entretanto, inúmeros marxistas revolucionários demonstram um grande respeito por ele. De fato, o itinerário excepcional de Durruti, sua reflexão e sua ação continuam a ser referência para todos os que, longe de dogmas vermelhos ou negros, procuram fazer a síntese entre prática e teoria. Em seu livro *Buenaventura Durruti, un combattant libertaire dans la révolution espagnole*,[39] Abel Paz apresenta o relato de sua vida, rocambolesca e épica.

Buenaventura Durruti, desenho de Maurici Bellmunt, In: *Muertos ilustres en los cementerios de Barcelona*, de Jaume Nolla, Margarita Puig e Maurici Bellmunt, 2007. Gentilmente cedida aos autores pela Angle Editorial.

---

39 Paz, *Buenaventura Durruti, un combattant libertaire dans la révolution espagnole*.

Nascido em 1896, cresceu em uma época na qual a Espanha, abalada pela perda de suas últimas possessões coloniais, é atingida por revoltas sistemáticas em um clima de guerra social. Desde a mais tenra idade, sente-se "rebelde por intuição", como escreveu a sua irmã Rosa. Na região de Leão, onde mora sua família, as greves repetitivas de que participa seu pai são severamente reprimidas e fazem o pano de fundo da politização do jovem Durruti. Operário metalúrgico aos 14 anos, engaja-se no combate político e sindical, em seguida volta-se rapidamente para o campo sindicalista revolucionário da já poderosa Confederação Nacional do Trabalho (CNT), pois os teóricos do socialismo pareciam muito moderados a seus olhos. Começa então uma epopeia política extraordinária.

Durrati é um militante que os fatos fazem sair do anonimato. Pois, embora seja um homem de sua época, forjado por lutas de classe intensas, também é um jovem atípico. Licenciado após a grande greve de agosto de 1917, à mercê da repressão, Durruti radicaliza suas ações com outros sindicalistas. Desertor, perseguido, vivendo na clandestinidade e depois no exílio, inicia-se em ações espetaculares. Ante a violência patronal, as perseguições arbitrárias, as prisões sistemáticas, inúmeros jovens decidem se organizar em grupos anarquistas, agindo na fronteira das práticas sindicais. Financiar o sindicato pelo roubo de bancos e resistir, armas na mão, à violência dos *pistoleros*, as milícias patronais, torna-se a atividade habitual de Durruti, durante quase cinco anos, até 1992. A tensão política atinge seu paroxismo em 1923: logo após o golpe de Estado militar em Barcelona contra o governo de Madri, em 13 de setembro, o novo regime ditatorial procura sufocar a forte ascensão revolucionária desde 1917. As milícias patronais reprimem cega e sistematicamente os militantes anarquistas. A vida de Durruti prossegue então na luta armada. O grupo ao qual pertence, Los Solidarios, decide eliminar várias personalidades em represália; alguns *pistoleros*, bem como o ex-governador Régueal de Bilbao ou ainda o arcebispo de Saragoça Soldevila, são alvos dessa vendeta. Estando na mira do regime de Primo de Rivera, contra o qual as tentativas de luta armada fracassam regularmente, Durruti parte para a América Latina em dezembro de 1924. O enredo de sua vida em Cuba e na Argentina é uma mistura de guerrilha, pequenos trabalhos, atentados, sindicalismo e assaltos a bancos. Enredo que não seria provavelmente aceito no cinema, considerado irreal demais. Entretanto, é real.

Seu périplo continua. Na França, em abril de 1926, é preso pela preparação de um atentado contra o rei da Espanha, Afonso III. Ao sair da prisão, vaga clandestinamente pela Europa, na França, na Bélgica e na Alemanha. Na península ibérica, as mobilizações sociais revigoram o movimento sindical a partir de 1929.

A queda da ditadura de Primo de Rivera, em 1930, e em seguida o advento da República em abril de 1931 levam Durruti a decidir voltar a seu domicílio. Começa então sua segunda vida, mais militante, voltada para um sindicalismo radical, revolucionário, igualmente de massa, quer dizer, em sintonia com as forças reais da sociedade espanhola. O "aventureiro" anarquista continua anarquista, mas concede a sua ação uma dimensão libertária e política que se consolida. Los Solidarios, até então um grupo armado,

Afinidades revolucionárias

transforma-se em um núcleo militante que desempenha um papel preponderante no processo revolucionário espanhol até 1936.

O fracasso da via republicana moderada em 1931, em um encarniçamento repressivo caracterizado contra a CNT, simplesmente serve para alastrar seu prestígio. As organizações anarquistas reagruparam-se na Confederação, criando dentro dela a Federação Anarquista Ibérica (FAI). Durruti é um militante muito influente e aloja-se várias vezes nas masmorras da "República" entre 1931 e 1936. Seu encarceramento em 1931, com vários meses de duração, apenas reforça sua consciência política. Sua análise ganha consistência, galvanizada por um contexto pré-revolucionário que coloca militantes como ele em face da amplidão de suas responsabilidades. Enquanto a esquerda republicana sai desacreditada de sua experiência no poder, a volta inelutável da direita dura em novembro de 1933 combinada com uma grave crise econômica, cria uma situação tensa e polarizada: na base, a sociedade é explosiva; vista de cima, torna-se incontrolável. As insurreições fracassadas de dezembro de 1933, em seguida de janeiro de 1934, não invertem a tendência à radicalização que se produz na sociedade espanhola em profundidade. A eleição da Frente Popular em fevereiro de 1936 marca o desencadeamento lógico do processo revolucionário. Fortalecidos pelas experiências dos anos precedentes, as massas penetram com estrondo na cena política.

Durruti afirma-se nesse momento como um grande organizador. A seus olhos, a revolução não pode se reduzir a ideias políticas desencarnadas: elas ganham vida na prática e no aprendizado coletivo.

Esse pragmatismo deixa seu pensamento evoluir em contato com as realidades que se impõem então à CNT. Uma CNT com a força de um milhão e meio de sindicalizados, o que lhe dá um papel de primeiro plano. Segundo ele, confrontar suas proposições com a percepção real do mundo do trabalho é o único meio de suscitar o movimento, e é assim um bom antídoto contra o dogmatismo.

Tendo ele próprio abandonado a ação individual em prol das lutas coletivas, medita sobre seu percurso: acredita na virtude emancipadora das lutas de classes, mas também na importância do papel da organização em uma revolução. Seu encontro com o revolucionário ucraniano Makhno, durante o exílio parisiense em 1927, já havia provavelmente fortalecido essa ideia. Questão de eficácia ante os poderes em exercício. O anarquismo sente-se no dever de ser um pensamento em movimento perpétuo, que se questiona e que se aperfeiçoa na medida das experiências acumuladas. Além do mais, em 1933, com a aproximação do desfecho revolucionário que ele pressente como iminente, não hesitou em condenar os atos de banditismo perpetrados em nome do anarquismo.

Dali em diante, a hora deve ser para a expropriação coletiva e não mais individual. São as circunstâncias que guiam a ação dos revolucionários. O anarquismo mudou, passando de sua fase embrionária na qual a difusão das ideias era reservada a uma minoria consciente, a um nível mais elevado que deve levar em conta a complexidade das relações de força sociais e políticas. Apesar disso, esse "pragmatismo" nunca o afastou de suas convicções profundas. "O grande segredo de Durruti é que fazia da teoria e da prática uma única coisa",[40] dizia a anarquista russo-americana Emma Goldman.

Durruti encara as questões políticas de maneira original no seio do movimento libertário. Não ignorar a realidade do poder em exercício não significa, para ele, sucumbir a seus encantos, nem procurar substituí-lo por uma outra forma de opressão. Coloca-se a questão do poder, mas é preciso considerá-la dentro de uma perspectiva revolucionária:

> Jamais pensamos que a revolução consistisse na tomada do poder por uma minoria que impusesse sua ditadura ao povo... Queremos uma revolução feita pelo e para o povo. Fora dessa concepção, não há revolução possível. Seria um golpe de Estado, nada mais. E nós, arrancados da fábrica, da mina, do campo, procuramos promover uma revolução social efetiva. E não há nisso nem blanquismo, nem trotskismo, tão somente a ideia clara e precisa de que a Revolução é qualquer coisa que se deve preparar todos os dias; com essa incógnita: não se pode nunca saber, de maneira segura, quando ela pode eclodir.[41]

Ao mesmo tempo, a orientação política da CNT oscila: a direção da confederação passa da posição de abstencionismo eleitoral, clássica entre os anarquistas em 1933, à da integração governamental ao lado das forças burguesas republicanas em 1936 e 1937. Quatro ministros libertários entram assim no governo. Durruti procura uma via intermediária, entre

---

40 Ibid., p.298.
41 Ibid., p.175.

a impotência política e o oportunismo, sem necessariamente conseguir formulá-la.

É um pouco por intuição e sem realmente teorizar que decide não aprovar a escolha "governamental" da CNT. Ele não poupa seus amigos: "Vocês têm confiança nos políticos e isso se compreende, pois, de tanto frequentá-los, tornaram-se iguais a eles e acreditam em suas promessas".[42] Ele prefere combater ao lado dos camaradas de sua coluna, ao mesmo tempo que espraia o sopro da revolução na esteira de seu progresso militar.

Um anarquista à frente de uma coluna de milicianos, alguns falarão de paradoxo. Durruti faz parte daqueles que tentaram, na escala das milícias antifascistas e revolucionárias, combinar os dois elementos: a disciplina necessária a qualquer exercício militar e os princípios da organização democrática.

> Nós lhes mostraremos, bolcheviques russos e espanhóis, como se faz a revolução e como conduzi-la ao final. Em seu país, há uma ditadura, em seu Exército Vermelho tem coronéis e generais, enquanto em minha coluna não há superior nem inferior, todos temos os mesmos direitos, somos todos soldados, também eu sou um soldado.[43]

Lida hoje, essa frase pode parecer caricatural por seu idealismo, também deve ser tratada com prudência, pois quem a transcreve não tem Durruti em seu coração. Entretanto, eleva-se atrás dessas palavras uma

---

42  Ibid., p.331.
43  Palavras recolhidas pelo correspondente do *Pravda* e agente russo Mikhail Koltsov, *Diario de la guerra de España*, p.34.

profissão de fé assumida: a vontade de manter uma alternativa à "militarização" das milícias, orquestrada pelo governo republicano.

Sob o cajado dos stalinistas que são cada vez mais atuantes em seu seio, a contar do final do verão de 1936, o governo decide desarmar e dissolver as milícias populares: só deve existir o exército popular republicano, funcionando sob um modelo hierárquico e fagocitado pelos homens de Moscou. Ao instituí-lo, priva a revolução em curso de forças vivas. A desmilitarização das milícias libertárias e do POUM constitui o ato forte da contrarrevolução espanhola.

Entretanto, nada poderia apagar o fato de que a coluna Durrati combateu heroicamente o franquismo, provando que a eficácia militar não é um argumento que justifique por si só uma disciplina autoritária. A experiência democrática das armas é um exercício complexo, mas não impossível: o tempo longo do debate coincide com o tempo curto das decisões militares a serem tomadas em tempo e hora. Isso dito, a bandeira que planava sobre a coluna era bem vermelha e negra! Disse Durruti:

> Uma milícia operária não pode ser dirigida pelos mesmos critérios que um exército [...]; a disciplina, a coordenação e a realização de um plano são coisas indispensáveis. Mas isso não deve mais se entender pelos critérios em uso do mundo que acabamos de destruir [...]. A solidariedade entre homens deve despertar a responsabilidade pessoal que sabe assumir a disciplina como um ato de autodeterminação [...]. Na luta, [o operário] não pode se comportar como soldado que se comanda, mas como um homem que é consciente do que faz. [...] Não é fácil obter tal

resultado, mas o que não é obtido pela razão, também não pode ser obtido pela força. Se nosso aparelho militar [...] deve se sustentar pelo medo, acontecerá que nada teremos mudado, a não ser a cor do medo. É apenas ao liberar-se do medo que a sociedade poderá edificar-se na liberdade.[44]

Figura popular e crítica da CNT, Durruti é, junto com Andreu Nin, um dos dois grandes nomes da Revolução Espanhola traída pelo stalinismo. Trotski, que não tinha especial afeição pelos anarquistas espanhóis, no entanto conseguiu ver na CNT a "principal força revolucionária", onde se concentram "os elementos mais combativos do proletariado". Ainda mais surpreendente, em 1937, ele dissocia Durruti do resto da direção confederal, que julga com severidade, e assimila o assassinato de Nin à morte de Durruti. "Por que qualquer proximidade entre nossas concepções ou nossa ação [Durruti, Andreu Nin...] força os gângsteres do stalinismo a recorrerem a uma repressão sangrenta?"[45]

Essa "proximidade" é celebrada por muitos marxistas revolucionários, para além das gerações. É o caso de nossos camaradas da Esquerda Anticapitalista, que revivem hoje ativamente as ideias da IV Internacional na Espanha e que, em seu *site* na internet, referem-se de bom grado a citações de Durruti, entre as quais: "Carregamos um novo mundo em nossos corações".

---

44 Paz, *Buenaventura Durruti, un combattant libertaire dans la révolution espagnole*, p.284.
45 Trotski, Lessons d'Espagne, dernier avertissement (décembre 1937).

Durruti morre em 20 de novembro de 1936, em Madri, atingido por uma bala perdida, em circunstâncias que permanecem sem explicação. Deixa um traço singular no combate anarquista. Talvez seja essa singularidade que faça com que, além de sua família política imediata, muitos revolucionários ainda se inspirem em sua experiência.

## Benjamin Péret
## (1899-1959)

Poeta surrealista, militante revolucionário, Benjamin Péret foi um dos fundadores, com André Breton, do Movimento Surrealista. Breton descreve-o como "um dos mais rebeldes a qualquer concessão". Após aderir ao Partido Comunista Francês, encontra-se rapidamente, desde 1928, nas fileiras da oposição de esquerda trotskista. Em 1929, viaja e reside no Brasil, com sua esposa de nacionalidade brasileira, Elsie Houston: milita nas fileiras dos trotskistas brasileiros até sua expulsão do país, em 1931: é qualificado de "agitador", "nocivo à tranquilidade pública".

Paul Éluard descreveu em 1934 sua poesia como "especificamente subversiva", tendo a "cor do futuro". Em 1936, após tomar conhecimento da insurreição revolucionária de 18 de julho na Espanha, parte para Barcelona como delegado do Secretariado Internacional do Movimento pela IV Internacional. Engaja-se como voluntário para combater o fascismo, de início nas fileiras do POUM, depois na coluna de Durruti. Escreve sucintamente em uma carta a André Breton: "Decidi entrar em uma milícia anarquista e eis-me no fronte" (Divisão

Durruti, Pina del Ebro, Frente de Aragon, 7 de março de 1937).

Preso pelas autoridades de Vichy em 1940, exila-se durante a guerra no México. De volta a Paris, rompe – junto com Natalia Trotski – com a IV Internacional, recusando-se a considerar ainda a URSS como um "Estado operário". No início dos anos 1950, escreve, como vários outros surrealistas, no periódico anarquista dirigido por Georges Fontenis, *Le Libertaire*. Permanece fiel, até sua morte em 1959, ao surrealismo e a suas ideias marxistas revolucionárias.

Tive a oportunidade de reencontrar Benjamin Péret, por ocasião de uma passagem por Paris em 1958: levava-lhe uma encomenda de seus amigos brasileiros. Tendo lido várias de suas coletâneas de poemas e conhecendo seu itinerário revolucionário, admirava-o enormemente e tinha grande vontade de conhecê-lo. Encontramo-nos três ou quatro vezes e, em um desses encontros, levou-me à sede do POUM, em Paris, onde me apresentou seu secretário, Wilebaldo Solano. A guerra e a revolução da Espanha foram, desde o início, um dos nossos principais temas de conversa. Perguntei-lhe com uma certa ingenuidade: "Então, o senhor foi para a Espanha combater o fascismo nas fileiras das Brigadas Internacionais?". "De jeito nenhum!", respondeu-me. "Os stalinistas teriam me liquidado rapidamente com uma bala nas costas! Associei-me às milícias da coluna Durruti, o pessoal da CNT-FAI que eram os verdadeiros revolucionários." Acredito que sua escolha da coluna Durruti não teve nada de acaso e testemunhava uma simpatia, uma atração de sua parte pelos libertários mais intransigentes. Estava próximo deles também por seu antimilitarismo, seu antipatriotismo e seu anticlericalismo furiosos. Essas afinidades libertárias são sensíveis, entre outros, em sua célebre coletânea de poemas *Je ne mange pas de ce pain-là* [Desse pão, eu não como] (1936).

Péret não era anarquista – chegou a polemizar duramente com essa corrente –, mas não deixava de ser uma espécie de "marxista libertário". Outro exemplo notável, seu ensaio datado de 1955, *La Commune de Palmares* [Quilombo dos Palmares], história da comunidade negra que resistiu, durante um século, às investidas dos escravagistas portugueses. Ele interpreta essa experiência como a manifestação do desejo irreprimível de liberdade. Segundo o poeta – é a frase que inicia o ensaio –, "De todos os sentimentos que fervilham no coração do homem, o anseio de liberdade é certamente um dos mais imperiosos". A liberdade constitui "para o espírito como para o coração, o oxigênio sem o qual não pode sobreviver. Se o ser físico não pode viver sem ar, o ser sensível sem liberdade não pode senão murchar e degenerar-se".[46] É por isso que o desejo de liberdade não deve aceitar nenhuma concessão, nenhum limite, nenhum compromisso: "O único erro do homem é a sua pusilanimidade. Sua sede de liberdade nunca será excessiva". Todo Benjamin Péret, espírito altivo e homem de cabeça erguida, está nessa fórmula incisiva...

Quando o ser humano se encontra privado de liberdade, "só tem descanso quando a reconquista; tanto é assim que a história poderia limitar-se ao estudo dos atentados contra essa liberdade e aos

---

46 Péret, *La Commune des Palmares.*

esforços dos oprimidos para sacudir o jugo que lhes foi imposto". Péret reinterpreta aqui, sob uma nova óptica, a tese marxista "clássica": a luta de classes como luta dos explorados contra os exploradores. A história da humanidade é a do combate permanente dos oprimidos por sua libertação. Aqui se encontra esboçada toda uma antropologia da liberdade.

Michael Löwy

## O subcomandante Marcos (1957-)

Manejando com a mesma desenvoltura a caneta e o fuzil, o subcomandante Marcos, porta-voz universalmente conhecido da Revolta Zapatista iniciada em 1994 no México, inventou uma linguagem nova, que se distingue da linguagem estereotipada – para não dizer engessada – de tantos grupos políticos. Impregnados de humor e mesmo de autoescárnio, seus escritos articulam poemas, ficções indígenas, contos para crianças, proclamações incendiárias e ameaças visando aos possuidores. Passando das divindades maias às novelas de Jorge Luis Borges, do diálogo com um escaravelho aos sonetos de Shakespeare, de episódios de Don Quixote a fatos da história mexicana, termina frequentemente seus textos com um desafio: "Aqui está Zapata vivo e digno. Tratem de assassiná-lo de novo". Difícil escapar ao charme cativante de suas cartas-poemas-panfletos.

Ele próprio se atribuiu um título irônico, "subcomandante", para significar sua submissão aos comandantes indígenas do Exército Zapatista de

Libertação Nacional (EZLN) – embora seja possível, legitimamente, interrogar-se sobre os perigos que uma personalização excessiva acarreta ao movimento. O México tem uma grande tradição anarquista, representada principalmente pelos irmãos Flores Magón, contemporâneos da Revolução Mexicana de 1911-1917. Emiliano Zapata, sem ser anarquista, desperta a simpatia dos libertários por sua recusa – com Pancho Villa – de "tomar o poder" no momento da ocupação vitoriosa da capital do México em 1914.

O subcomandante Marcos não é originário dessa matriz libertária. Foi um dos fundadores das Forças de Libertação Nacional, organização armada de inspiração guevarista criada no norte do México, em Monterrey em 1969. De acordo com seus estatutos de 1980, o FLN era uma "organização político-militar cujo objetivo é a tomada do poder político [...] para instaurar uma república popular e um sistema socialista".[47] Da fusão desse primeiro núcleo com um grupo de combatentes indígenas de Chiapas resulta a criação em 1983 do Exército Zapatista de Libertação Nacional. A evolução do movimento arrasta-o para bem longe dessa origem. Entretanto, a insurreição de janeiro de 1994, bem como o espírito do Exército Zapatista, conservam alguma coisa dessa herança: a importância da luta armada, a ligação orgânica entre combatentes e campesinato, o fuzil como expressão material da desconfiança dos explorados antes seus opressores, a disposição de arriscar sua vida pela emancipação de seus irmãos. Estamos longe da

---

47 Citado por Bascher, *La rébellion zapatiste. Insurrection indienne, résistance planétaire*, p.30.

aventura boliviana conduzida por Ernesto Guevara em 1967. Entretanto, restam traços da ética revolucionária encarnada pelo "Che".

São essas características que atraem os simpatizantes tanto marxistas quanto libertários. Eles animam, sobretudo durante os anos 1990, comitês de apoio ao EZLN em inúmeros países. Mas há ainda outros traços específicos dos zapatistas, interessantes e muito novos: um exército revolucionário que não pratica o culto às armas, um movimento insurgente que não quer "tomar o poder", uma organização política que recusa as regras do jogo político, uma vanguarda que nem sempre sabe para onde vai e que não hesita em confessar sua hesitação.

Desde fevereiro de 1994, interrogado sobre os objetivos da revolta, Marcos respondia: "A tomada do poder? Não, uma coisa um pouco mais difícil: um mundo novo".[48] Para evitar mal-entendidos – suscitados principalmente pelo livro de John Holloway, *Mudar o mundo sem tomar o poder*, que pretende ser uma reflexão a partir dessa palavra de ordem zapatista –, acrescentemos isso: ao recusar a "tomada do poder", o EZLN rompe com um certo modelo revolucionário no qual o partido de vanguarda – ou o exército de libertação – toma o poder em nome do povo para monopolizá-lo. Não quer dizer que a organização não aspire a uma profunda transformação, democrática e revolucionária do poder, que não estaria mais nas mãos dos representantes do capital – nacional e global –, mas nas do povo, dos oprimidos, dos excluídos.

---

48  Ibid., p.65.

Os comentários a esse respeito de Jérôme Baschet, brilhante historiador francês que vive em Chiapas, conhecido por suas afinidades com os zapatistas, parecem-nos pertinentes:

> Quando os zapatistas dizem recusar a tomada de poder, é preciso compreender que se trata de renunciar à luta tanto militar quanto eleitoral pelo *poder de Estado*. [...] A criação de municípios autônomos zapatistas, dos quais não poderíamos negar que constituem uma forma de governo fortemente estruturada, estabeleceu evidentemente que os zapatistas estão preocupados em construir novas estruturas de poder político. Se isso não contradiz sua recusa de tomada de poder, é que para eles se trata de construir esse novo poder por baixo, evitando cair na armadilha, já percebida por Marx, após a experiência da Comuna de Paris...

Não "tomar posse do aparelho de Estado", mas destruí-lo. Certamente, reconhece Bascher, existem contradições no seio do EZLN entre horizontalidade comunitária e verticalidade militar.[49]

Os aspectos libertários do EZLN – recusa do poder de Estado e da política eleitoral/parlamentar, construção política horizontal e por baixo, antiautoritarismo, bem como a prática de "comandar obedecendo", combate pela autonomia local e autogoverno da sociedade, contra o centralismo do Estado –, vêm, em parte, da tradição comunitária dos indígenas maias de Chiapas; combinam-se à longa experiência de rebelião e às referências originárias da tradição

---

49  Ibid., p.65-67, 89.

anarquista. Esses aspectos explicam por que tantos libertários do mundo inteiro identificam-se e apoiam a luta do EZLN.

Os discursos de Marcos e também frequentemente os documentos zapatistas utilizam o vocabulário marxista, anticapitalista e anti-imperialista. Mas buscam-se em vão referências a Marx ou ao marxismo, bem como a Bakunin ou aos anarquistas. Os zapatistas não gostam de definições doutrinárias, quaisquer sejam elas.

# II
# Convergências e conflitos

## A Revolução Russa

Marxistas e libertários estão ligados por origens comuns. Uma lista de contenciosos históricos igualmente os contrapõe, mistura indistinta de referências partilhadas e desacordos flagrantes. Bem no alto da lista figura a Revolução Russa de 1917. Em um primeiro momento, há convergência entre (muitos) libertários, não somente russos, mas do mundo inteiro, com os revolucionários marxistas; em seguida, é um conflito dramático, que atinge seu ponto culminante com Kronstadt e a guerra contra Makhno.

## Outubro de 1917

Em outubro de 1917, os sovietes, ao tomarem consciência de sua própria força, suplantam o poder institucional e conquistam o poder. Os personagens de primeiro plano dessa história são as massas exploradas e oprimidas. Leon Trotski, em seus dois tomos consagrados à Revolução Bolchevique, relata o aumento de força inexorável do povo e tira a conclusão:

> A característica mais incontestável da revolução é a intervenção direta das massas nos acontecimentos históricos [...]. A história de uma revolução é, para nós, inicialmente, a narrativa de uma irrupção violenta das massas nos domínios onde se desenrolam seus próprios destinos.[1]

O libertário Daniel Guérin não vê nela outra coisa: "Na realidade, a Revolução russa iniciou-se por um vasto movimento de massas, uma onda de base popular que submergiu as formações ideológicas. Não pertenceu a ninguém, senão ao povo".[2] Um e outro, a seu modo, longe de se reconciliarem sobre a globalidade de 1917, oferecem, no entanto, uma apreciação similar do que a Revolução Russa suscita por si própria.

A Revolução de Outubro é a consumação do movimento iniciado em fevereiro que, por sua dinâmica, conduz as massas cada vez mais para a esquerda. Nada mecânico ou linear. Essa evolução se produz aos solavancos ao capricho de fluxos e refluxos, de avanços revolucionários e de contraofensivas reacionárias. Na verdade, a revolução política de outubro já vivia na de fevereiro: uma chamava a outra. Durante oito meses, as massas haviam feito o aprendizado do governo Kerensky, transformado em obstáculo para

---

1 Trotski, *Histoire de la révolution russe*, p.3.
2 Guérin, *L'Anarchisme*, p.113.

sua emancipação: fazem-se e desfazem-se coalizões, encurraladas em uma dualidade de poder que se tornava impraticável, condenadas a escolher perpetuamente entre a autoridade da Duma (deputados de esquerda moderada, socialistas revolucionários) e a dos sovietes dos deputados operários de Petrogrado. É nesse contexto que a insurreição, organizada pelos bolcheviques, remete o poder ao II Congresso Pan-Russo dos Sovietes em 25 de outubro de 1917.

Aqui começa a discórdia entre marxistas e libertários. Ela incide sobre o espinhoso problema da relação entre os partidos e o próprio processo revolucionário. Os bolcheviques, de fato, tiveram, como organização política, um papel decisivo na Revolução, sem o qual provavelmente os acontecimentos de outubro não teriam ocorrido. A questão é saber se esse papel se exerceu, ou não, em detrimento da auto-organização do movimento. Os fatos tendem a provar justamente que os sovietes se fortaleceram no final da insurreição de outubro, com legitimidade reforçada após a destituição de Kerensky. O debate provavelmente é outro. Daniel Guérin não o contesta. Os bolcheviques acompanharam, pelo menos durante o primeiro ano revolucionário, o movimento espontâneo das massas, ajudando-a a organizar a socialização da produção, na base. Concretamente, a implementação do controle operário colidiu com a resistência dos capitalistas e, de certo modo, incitou os bolcheviques a radicalizarem-se em uma via cada vez mais autogestionária. Guérin explica:

> Muito rapidamente, o controle operário se esfumou diante da socialização. Lenin obrigou, literalmente, os seus lugares-tenentes a se lançarem no

"cadinho da viva criação popular", obrigando-os a falar uma linguagem autenticamente libertária. A base da reconstrução revolucionária devia ser a autogestão operária.[3]

Guérin data o fim do período "libertário" dos bolcheviques na primavera de 1918 e explica esse fato pelo dualismo do pensamento marxista sobre o Estado, que Lenin sintetiza em setembro de 1917 em seu livro *O Estado e a revolução*. Dois polos, duas concepções contraditórias coabitariam no pensamento marxista: uma versão libertária que deseja claramente abolir o Estado capitalista; uma versão autoritária, favorável à instituição de um novo Estado, marxista, destinado a extinguir-se por si só, mas que não deixa nunca de sobreviver. Aos olhos de Daniel Guérin, essa ambivalência tem tendência a reaparecer mecanicamente desde o primeiro sinal de cansaço do processo popular.

## A ruptura entre vermelhos e negros

À diferença de Guérin, Victor Serge não entrevê na burocratização insidiosa uma tara ideológica, ligada a uma eventual face oculta do marxismo. Em vez disso, desaprova um erro de conduta, com consequências pesadas, em um contexto complexo particularmente difícil de apreender.

Nesse momento, quando chega o fim do período "libertário", na primavera de 1918, o elã revolucionário russo procura um segundo fôlego. A Revolução Finlandesa afogou-se no sangue em abril de 1918 e

---

3 Ibid., p.117.

a dos espartaquistas na Alemanha fracassa no início do ano 1919. A República Soviética da Hungria, que nasceu em março de 1919, foi liquidada em agosto do mesmo ano. Em uma palavra, a extensão revolucionária ao Ocidente marca passo. No plano interno, a frente revolucionária não para de se fraturar. A origem desse fenômeno não depende necessariamente dos bolcheviques.

Os socialistas revolucionários de esquerda, que participam do governo, estão em desacordo com o tratado de Brest-Litovsk,[4] assinado em março de 1918. Iniciam uma revolta em Moscou, que fracassa. De fato, deixam os bolcheviques controlar o poder sozinhos. Os Aliados desembarcam pelo norte, o Japão apodera-se de Vladivostok, a Alemanha da Crimeia, da Ucrânia, da Estônia e da Lituânia, enquanto o Exército Branco ameaça no interior do território. Apesar da guerra civil e das incertezas do futuro, os bolcheviques avançam, ofertando à revolução a possibilidade de transformar a experiência. A revolução resiste. Entretanto, a partir de 1920, com o "comunismo de guerra", provindo da situação de urgência que prevalece, a necessidade fará função de lei.

Em *Trente ans après la Révolution* [Trinta anos após a Revolução], Victor Sege fala do "verão de 1920" como uma "data fatal". É nesse período que ele também situa o "drama do anarquismo, que iria atingir,

---

4 Acordos assinados em março de 1918 entre a Rússia (República Socialista Federativa Soviética Russa) e os governos dos impérios centrais, especialmente o Reich, que põem fim aos combates na frente leste, ao preço de um desmantelamento significativo do território russo, e que significou, de fato, a neutralidade da Revolução Soviética em relação à Revolução Finlandesa em andamento.

com o levante do Kronstadt, uma importância histórica", como escreveu em suas *Memórias*.[5] Exceção feita à época de Makhnovchtchina[6] na Ucrânia, entre 1917 e 1921, os anarquistas não estiveram, no geral, em real situação de influenciar o curso da revolução. Várias figuras emblemáticas do anarquismo russo, tal como Kropotkin,[7] iludiram-se no apoio à guerra, ao exército no primeiro ano do conflito mundial, e à Sagrada União, desestabilizando e dividindo profundamente o movimento anarquista.

Isso dito, até 1919, diferentes grupos tomaram parte ativa no seio da Revolução, frequentemente conduzindo uma propaganda autônoma no interior dos sovietes e das empresas. Nos primeiros tempos da Revolução, os libertários defenderam com veemência a Revolução Soviética, mas mantiveram seu ponto de vista, livre e crítico, e entretiveram com os bolcheviques relações contraditórias, tanto de adesão quanto de confrontação. E reciprocamente. Em Moscou, por exemplo, durante o outono de 1918, após a tentativa malograda de golpe de Estado dos socialistas revolucionários, os Guardas Negros não descartam a possibilidade de apoderar-se da cidade, posição que suscita prontamente debates e discórdia entre os anarquistas, principalmente no grupo anarcossindicalista Golos Trouda [A Voz do Trabalho]. Em 1920, esse grupo ainda tem grande importância. Emma Goldman conta sua chegada a Moscou nesse ano:

---

5 Serge, *Mémoires d'un révolutionnaire*, p.157.

6 Ver "Makhno", p.123.

7 Anarquista de renome internacional (1842-1921), cujo enterro em Moscou, em 8 de fevereiro de 1921 foi ocasião de uma manifestação de massa, a última, derradeiro desafio dos anarquistas às autoridades bolcheviques.

Sasha me informou que nossos camaradas de Moscou desfrutavam de uma liberdade muito grande. Os anarcossindicalistas do grupo Golos Trouda publicavam e difundiam seus textos abertamente em sua livraria da rua Tverskaia. Os anarquistas universalistas dispunham de clubes e de um restaurante cooperativo e reuniam-se abertamente uma vez por semana. "Que situação estranha! Espantei-me. Concedem uma grande liberdade aos anarquistas de Moscou e recusam qualquer liberdade aos anarquistas de Petrogrado!" Sasha explicou-me que havia observado inúmeras contradições. Assim, muitos de nossos camaradas estavam na prisão, sem motivo, enquanto outros prosseguiam livremente suas atividades políticas.[8]

Voline, por seu lado, está preso desde o mês de janeiro de 1920. Yartchouk, anarquista reputado do soviete de Kronstadt, foi preso por várias vezes entre 1918 e 1921. Essa política é a marca do arbitrário que se imiscui irremediavelmente em uma sociedade cada vez mais policial.

Criada em dezembro de 1917, a Tcheka, acrônimo de Comissão Extraordinária Pan-russa para a Repressão da Contrarrevolução e da Sabotagem, amplia seu domínio progressivamente, cada vez que lhe é possível, e logo vê sua hora chegar: polícia política, inicialmente habilitada a agir contra os Guardas Brancos e, sob instruções, obtém um poder nitidamente maior e ganha autonomia quando lhe é confiada, durante o verão de 1918, a competência de ela própria condenar à morte as pessoas presas. Quando, em janeiro de 1920, o poder bolchevique suprime a pena de morte – que

---

8  Goldman, *Épopée d'une anarchiste*, p.228.

será restabelecida em seguida –, a Tcheka surpreende o governo ao fuzilar, sem autorização, inúmeros prisioneiros, demonstrando assim sua autonomização.

A diversidade de tratamento reservado aos militantes libertários na jovem República Socialista Federativa Soviética Russa não traduz simplesmente a repressão insidiosa, mas também demonstra as divisões que atravessam então o movimento anarquista. Victor Serge deplora essa ruptura: "os anarquistas tinham-se subdividido caoticamente em tendências pró-soviéticas, intermediárias e antissoviéticas".[9] Um setor empenha-se em uma participação ativa no seio dos sovietes até os comissariados governamentais, sem esquecer as instâncias da Internacional. Lenin, aliás, mostrou-se favorável a essa colaboração, pelo menos até o verão de 1920, por ocasião do II Congresso da Internacional. Os "universalistas", por sua vez, aliam-se tanto quanto possível. Outros grupos opõem-se radicalmente ao novo poder: em setembro de 1919, uma bomba lançada por um ferroviário anarquista em plena sessão do Comitê Comunista de Moscou causa a morte de várias pessoas. No mesmo período, os anarquistas participam da defesa de Petrogrado contra os brancos, na primeira fileira, lado a lado com os bolcheviques:

> Os anarquistas tinham se mobilizado para a defesa. O partido deu-lhes armas... E foram eles que, na noite do pior perigo, ocuparam a gráfica da *Pravda*, jornal bolchevique que detestavam, para defendê-lo, e lá se fizeram matar.[10]

---

9 Serge, *Mémoires d'un révolutionnaire*, p.157.
10 Ibid., p.128-9.

Mas, a partir de novembro de 1920, a situação incendeia-se entre bolcheviques e anarquistas. Os bolcheviques parecem ter se decidido a classificar os anarquistas entre os elementos subversivos da categoria "Perigo Interior". Pouco tempo antes, em nome do Soviete Supremo de Moscou, Kamenev havia proposto aos anarquistas "a legalização completa do movimento com sua imprensa, clubes, livrarias, com a condição de que os anarquistas se controlassem, fizessem uma depuração completa em seus meios".[11] Com toda a razão, a condição rejeitada pelos anarquistas.

No mesmo momento, na Ucrânia, embora o Exército Negro de Makhno e o Exército Vermelho tivessem obtido uma vitória comum decisiva contra os brancos, os bolcheviques quebravam brutalmente a aliança. A repressão generalizou-se:

> Em Petrogrado e Moscou, os anarquistas preparavam seu congresso. Mas, mal fora obtida a vitória em comum, subitamente foram presos em massa pela Tcheka (novembro de 1920). Os vencedores da Crimeia, Karietnik. Gavrilienko e outros foram fuzilados... Essa atitude inconcebível do poder bolchevique, que rompia seus próprios compromissos diante de uma minoria camponesa infinitamente corajosa, teve um efeito terrivelmente desmoralizante; vejo nela uma das causas profundas do levante de Kronstadt.[12]

---

11 Ibid., p.158.
12 Ibid., p.161.

## Partido e sovietes

Em retrospectiva, parece que se rompeu um fio entre o período "pró-Sovietes" de Lenin e o do "comunismo de guerra", e não somente com os libertários. Ao esvanecer-se progressivamente diante dos imperativos drásticos da guerra, a política autogestionária do início deixou o lobo da burocracia invadir o redil da Revolução. Desde 1917-1918, Rosa Luxemburgo não deixou de criticar a ausência de liberdades políticas e democráticas, o papel monopolizador do Partido e a não convocação da Assembleia Constituinte. Seu protesto, no entanto, não abalou seu apoio fiel à Revolução Bolchevique. Segundo ela, a garantia de expressão e de crítica sobre os acontecimentos em curso é o melhor meio de encorajar a implicação popular, e é assim que a revolução sobreviverá e viverá. Não é tarefa fácil para a democracia socialista.

Entendido por esse ângulo, o desafio é, portanto, analisar o que, na política dos bolcheviques, serviu de húmus ao Termidor stalinista. Os bolcheviques adotaram medidas que, sob a pressão dos acontecimentos, criaram condições propícias para a burocracia nascente? Esse questionamento é legítimo. O Conselho Superior de Economia, por exemplo, desempenhou, e isso desde o segundo ano da Revolução, um papel cada vez mais importante na administração da economia, favorecendo as nacionalizações centralizadas em vez da socialização dos meios de produção que, no entanto, instalava-se na base. Essa escolha, entre tantas outras, é discutível. Inútil, no entanto, querer colar um vício de fabricação no marxismo e remontar à discórdia ideológica

Afinidades revolucionárias

original da I Internacional, quando Marx se opunha a Bakunin sobre o tema: "Abolir o Estado imediatamente ou não?". Reduzida a esse único aspecto, a discussão transforma-se rapidamente em um diálogo de surdos. Certamente Trotski reconhece que "os perigos do estatismo existem também sob o regime da ditadura do proletariado"[13] e que "mesmo o Estado operário é gerado pela barbárie da luta de classes e [...] a verdadeira história da humanidade começará com a abolição do Estado".[14]

Mas Daniel Guérin censura-o por não colocar a questão nestes termos: "Como, por quais vias, quais métodos, chegar à abolição definitiva do Estado?"[15] Ora, desde 1917, os desafios são imediatos e frequentemente menos abstratos do que a pergunta e suas formulações.

Aliás, a questão lancinante que parasita o posicionamento bolchevique durante os acontecimentos não é essa. Entretanto, ela é de grande monta: "Quem toma o poder? Os sovietes e/ou o(s) partido(s)?". Os libertários afirmam que por trás dessa pergunta esconde-se o dilema do poder, portanto do Estado. Do poder, sim, não necessariamente do Estado em si. A menos que se estime que qualquer tipo de poder traga em si a marca congênita da estatização – do que várias correntes anarquistas estão convencidas de fato. Ao contrário, para alguns, a autogestão e o poder dos sovietes já constituem uma forma de poder; não são a ausência de poder. Aparentam-se a

13 Trotski, Octobre 1929.
14 Id., 1937. [Versão em português disponível em: <https://revistaiskra.wordpress.com/especiais-iskra-trotsky-e-engels/bolchevismo-e-stalinismo>. – N. T.].
15 Guérin, La question que Trotsky ne pose pas (1983).

essa "forma de democracia finalmente encontrada", de que fala Marx a propósito da Comuna de Paris.

Em outubro de 1917, os bolcheviques deixam-se aparentemente cegar por um efeito de ótica imprevisto: por ocasião da insurreição de outubro, as duas entidades "sovietes" e "partido" superpõem-se de fato. As massas radicalizam-se cada vez mais depressa, em consequência do golpe de Estado malogrado de Kornilov e das hesitações do governo provisório, embora os sovietes se bolchevizem por eles próprios. Quando a ofensiva armada dos bolcheviques destitui o governo de Kerensky e confia o poder ao Congresso dos Sovietes que se inicia, a direção do partido e a do congresso indubitavelmente formam uma unidade. Essa "fusão" transitória pode provocar um estrabismo político crônico: qual organização será favorecida a longo prazo, na tomada de decisão?

Os bolcheviques hesitam sobre esse ponto. Do lado de Lenin e de Trotski, as oscilações são frequentes. Trotski afirma: "Não, o poder dos sovietes não era uma quimera, uma construção arbitrária, invenção dos teóricos do partido. Subia irresistivelmente, de baixo..."[16] Entretanto, mais tarde, ele afirma que é certamente o "partido que toma o poder". É verdade que no calor da ação, e antes que os perigos da recuperação burocrática se façam brutalmente sentir, a atenção dos bolcheviques não se prende a esse risco. Um risco que não antecipam.

Hoje, o balanço trágico das revoluções do século passado obriga-nos a pensar de outra maneira, para esperar um dia novamente dar sua face humana do socialismo. Construir organizações revolucionárias

---

16 Trotski, *Oeuvres*, t.II, p.451.

antiburocráticas é uma das garantias para munir as revoluções contra qualquer deriva autoritária. Mas não é a única, pois além das organizações de que o movimento operário se provê, também é preciso debater o lugar e a função que elas terão no seio da revolução. As forças revolucionárias devem preencher uma função vital: ajudar a revolução a tomar, no bom momento, as decisões que se impõem, mas o poder efetivo compete, em última análise, às estruturas de auto-organização.

Este capítulo tumultuoso permanece em aberto. É necessário revisitá-lo com um olhar crítico, tão aguçado quanto possível, sem por isso estabelecer uma continuidade entre os anos Lenin e os anos Stalin. Pois a fissura que se produziu durante os anos 1920, na Rússia revolucionária, não se aninha no caráter dos indivíduos, mas nas forças sociais que os conduzem. Na sombra de Stalin, que se abateu sobre a Revolução Russa com ferocidade, plana o mesmo espectro que desfigurou em seu tempo a Revolução Francesa com Bonaparte: a contrarrevolução ou o eterno perigo que ronda as revoluções tão logo emergem. Um adversário comum dos vermelhos e dos negros

## Retorno sobre a tragédia do Kronstadt

### As duas versões do conflito

A insurreição de Kronstadt e sua repressão pelo Estado soviético em 1921 são um pomo de discórdia entre libertários e marxistas e, em particular, entre anarquistas e trotskistas, há cerca de um século.

Tentaremos voltar a esse confronto trágico com um ponto de vista novo.

Lembremos brevemente os fatos. No início de 1921, termina a guerra civil na URSS com a derrota dos brancos, mas o país está exaurido, a fome e os rigores do "comunismo de guerra" provocam protestos. Greves e manifestações operárias ocorrem em Petrogrado em fevereiro, suscitando a simpatia dos marinheiros de Kronstadt, fortaleza estratégica e centro da frota no mar Báltico, situada em uma ilha, na enseada de Petrogrado (atual São Petersburgo, a alguns quilômetros de lá). A base militar e, além dela, a ilha e seus habitantes foram um bastião da Revolução em 1917 e 1918. Em 1º de março, é convocada uma assembleia geral, na praça da Âncora, no centro de Kronstadt: reúnem-se 16 mil marinheiros, soldados e operários. Kalinine, chefe do Estado soviético e Kouzmine, comissário da frota do Báltico, são convidados e recebidos com honras militares, fanfarras e estandartes.

Os marinheiros do cruzador *Petropavlovsk* prepararam uma resolução que deve ser votada pela assembleia: é aprovada por unanimidade, menos os dois votos dos dois representantes do poder soviético, Kalinine e Kouzmine. Por esse documento, os marinheiros exigem, entre outras coisas: reeleição de delegados aos sovietes, por voto secreto; liberdade de expressão e de imprensa para os operários e camponeses, para os anarquistas e os partidos socialistas de esquerda; liberdade de reunião para as organizações sindicais e camponesas; libertação dos prisioneiros políticos socialistas; que seja dada aos camponeses toda liberdade sobre sua terra, bem como o direito de ter gado, sob a condição de eles

Afinidades revolucionárias

próprios trabalharem, sem o uso de trabalhadores assalariados. No curso dos acontecimentos, vozes elevam-se para solicitar a eleição de uma Assembleia Constituinte, outras para propor "sovietes sem bolcheviques". A palavra de ordem central, encontrada nos *Izvestia* de Kronstadt, é: "Todo poder aos sovietes e não aos partidos".

Em 2 de março, uma conferência de 300 delegados, presidida pelo marinheiro Petrichenko, reuniu-se em Kronstadt e elegeu um comitê provisório. Kouzmine e Vassiliev, presidente comunista do Soviete de Kronstadt, são presos. A Rádio Moscou denuncia um motim dirigido por um general do antigo regime, Kozlovsky – efetivamente presente na fortaleza, mas fora da direção do movimento – e inspirado pela contraespionagem francesa. Os dirigentes soviéticos – Lenin e Trotski – lançam em 5 de março um ultimato aos insurgentes e proclamam o estado de sítio em Petrogrado.

Os anarquistas americanos presentes em Moscou, aliados do poder soviético, Emma Goldman, Alexandre Berkman, Perkus e Petrovsky, enviam uma mensagem exortando Zinoviev, principal dirigente bolchevique em Petrogrado, a negociar com Kronstadt, a fim de que seja procurada uma solução pacífica para o conflito. O texto dessa mensagem é uma das peças mais importantes dessa história trágica:

O frio e a fome geraram descontentamento [...]. Os bandos de guardas brancos querem e podem tentar explorar essa insatisfação em benefício de seus próprios interesses de classe. Ocultando-se atrás dos marinheiros e dos operários, eles despejam lemas da Assembleia Constituinte, do mercado livre e de outras exigências do mesmo gênero. Nós, anarquistas [...], lutaremos com armas em mãos contra qualquer tentativa contrarrevolucionária [...], lado a lado com os bolcheviques. A respeito do conflito [...], somos de opinião de que ele deveria ser liquidado não pelas armas, mas por meio de acordo revolucionário fraternal. [...] Camaradas bolcheviques, reflitam antes que seja tarde demais!

Os anarquistas norte-americanos propõem enviar a Kronstadt uma comissão de cinco pessoas, incluindo dois anarquistas. Ela não foi aceita por Zinoviev. Em 7 de março têm lugar as primeiras trocas de tiro entre Kronstadt e Petrogrado.

Em 8 de março, enquanto se abre o X Congresso do Partido Comunista, o *Izvestia* de Kronstadt conclama uma "terceira Revolução Russa", destinada a abrir "uma nova via para a criação do socialismo". Várias ondas de assalto do Exército Vermelho são lançadas contra a ilha e rechaçadas pelos rebeldes, entre 8 e 15 de março. Em 15 de março encerra-se o X Congresso do Partido, que toma as primeiras decisões que vão no sentido da Nova Política Econômica (NEP): uma maior liberdade econômica permitida aos camponeses e artesãos. Em 16 de março ocorre um bombardeio geral da fortaleza pela artilharia e aviação. Em 17 e 18 de março o Exército Vermelho conseguiu reconquistar Kronstadt ao preço de perdas pesadas de ambos os lados. Dois mil insurgentes são aprisionados, alguns são fuzilados imediatamente e outros serão nas prisões da Tcheka ao longo dos meses seguintes (várias centenas, segundo Victor Serge).

*N. B.* Utilizamos, para este breve lembrete, uma cronologia estabelecida em uma brochura de *Alternative Libertaire*, "1921. L'Insurrection de Kronstadt la rouge" [A insurreição de Kronstadt, a vermelha], publicada em 2008. Esforçamo-nos simplesmente em resumir os fatos, sem julgamento sobre o fundo.

Sobre esses acontecimentos, vão se inserir duas versões, ou antes, duas versões contraditórias que se opõem ponto por ponto. Para os bolcheviques, Lenin e Trotski à frente, Kronstadt foi, em última análise, um movimento *contrarrevolucionário*. Trata-se, explica Lenin em seu relatório ao X Congresso, em 8 de março, "da obra de socialistas revolucionários e de guardas brancos do exterior, e aliás o movimento conduziu a uma contrarrevolução pequeno-burguesa, a um movimento pequeno-burguês anarquista", quer dizer, a um movimento no qual "elementos pequeno-burgueses anarquistas, sempre orientados contra a ditadura do proletariado, reivindicaram a liberdade de comércio".[17] Em outra declaração ao Congresso, Lenin resume o caso com outra fórmula mais próxima da realidade: "Em Kronstadt, não querem nem os guardas brancos nem nosso poder, e não há outro".

Trotski, por sua vez, cita abundantemente um artigo publicado em meados de fevereiro pelo jornal francês *Le Matin*, anunciando uma rebelião em Kronstadt, como prova de que "os centros dos complôs revolucionários encontram-se no exterior".[18] Muito mais tarde, exortado por adversários e por amigos,

---

17 Citado na brochura organizada por Frank, P. In: Lenin; Trotski, *Sur Kronstadt*, p.29.

18 Trotski, Interview à la presse, 6 de julho de 1921, p.55.

entre eles Victor Serge, a explicar-se sobre esse episódio, propõe uma explicação sociológica: as ideias "profundamente reacionárias" dos rebeldes "refletiam a hostilidade do campesinato atrasado contra os trabalhadores [...], o ódio da pequena burguesia contra a disciplina revolucionária. Portanto, o movimento tinha um caráter contrarrevolucionário".[19] É apenas em 1939, em sua biografia de Stalin, que Trotski esboça uma análise mais matizada.

> O que o governo soviético fez a contragosto em Kronstadt foi uma trágica necessidade: evidentemente, o governo revolucionário não poderia "fazer presente" aos marinheiros insurgidos de Petrogrado simplesmente porque alguns anarquistas e socialistas revolucionários duvidosos patrocinavam um punhado de camponeses reacionários e soldados em rebelião. Considerações análogas foram emitidas no caso de Makhno e de outros elementos revolucionários em potencial que, talvez, tivessem boas intenções, mas que claramente agiam mal.[20]

É principalmente esse argumento, a "trágica necessidade", que será lembrado pelo movimento trotskista, por exemplo, Pierre Frank na introdução do livro que confecciona e publica em 1976.

A narrativa anarquista é, obviamente, bem diferente. Já na declaração dos insurgentes aparece o tema da "terceira Revolução Russa" contra o "jugo dos comunistas". Em um escrito de 1922, Alexandre Berkman afirma: Kronstadt, esse primeiro

---

19  Id., Lettre à Wendelin Thomas, 6 de julho de 1937, p.59.

20  Lenin; Trotski, *Sur Kronstadt*, p.29 e 76.

passo rumo à terceira revolução, "demonstrou que o regime bolchevique é uma tirania e uma reação implacáveis, e que o Estado comunista é ele mesmo a contrarrevolução mais poderosa e perigosa".[21] Essa análise ainda será longamente desenvolvida nas obras de Ida Mett, *La Commune de Kronstadt: crépuscule sanglant des soviets*[22] [A Comuna de Kronstadt: crepúsculo sangrante dos sovietes] e de Alexandre Skirda, *Kronstadt 1921, prolétariat contre bolchevisme*[23] [Kronstadt 1921, proletariado contra bolchevismo]. Este último é especialmente virulento, denunciando a "contrarrevolução bolchevista" desde... outubro de 1917. Mais interessante é o livro da *Alternative libertaire*, "1921. L'insurrection de Kronstadt la rouge", coletânea de documentos com introdução de Patrice Spadoni, intitulada "Kronstadt, ou la tragique erreur de Lénine et Trotsky" [Kronstadt, ou o trágico erro de Lenin e Trotski]. Spadoni reconhece em Lenin e Trotski "revolucionários sinceros", mas os considera responsáveis pelo "açambarcamento do poder por um partido único". Na mesma brochura, pode-se ler um texto, não datado, assinado "Movimento Comunista Libertário", que faz ouvir uma outra cantilena. Ali, Trotski é tratado de "Gallifet da Comuna de Kronstadt" (!). O texto retoma o ponto de vista antibolchevique sem muitas nuances: "A contrarrevolução que venceu Kronstadt não é a contrarrevolução declarada dos brancos, é a contrarrevolução camuflada da burocracia bolchevique".[24]

---

21 Berkman, *La Rébellion de Kronstadt, 1921* (1922), p.50-51.

22 Mett, *La Commune de Kronstadt: crépuscule sanglant des soviets.*

23 Skirda, *Kronstadt 1921, prolétariat contre bolchevisme.*

24 1921. L'insurrection de Kronstadt la rouge, *Alternative Libertaire*, p.8.

Não achamos nenhuma dessas duas narrativas unilaterais satisfatórias... Em nossa opinião, o conflito entre Kronstadt e o poder bolchevique não é um combate entre "Revolução e contrarrevolução" – ponto comum a ambas as narrativas, ainda que cada um inverta o papel dos protagonistas! –, *mas um enfrentamento trágico e fratricida entre duas correntes revolucionárias*. A responsabilidade dessa tragédia é partilhada, mas recai, principalmente, sobre os que detinham o poder...

## Um ponto de vista dissidente: Victor Serge

Escritor franco-russo, militante anarquista – ficou preso durante vários anos na França, acusado (erroneamente) de cumplicidade com o "bando de Bonnot" –, convertido ao bolchevismo após 1917, amigo de Lenin e de Trotski, enviado à Sibéria por Stalin por seu apoio à oposição de esquerda, exilado na França e, mais tarde, no México. Victor Serge (1890-1947) é uma espécie de "marxista libertário" que, apesar de sua adesão ao comunismo e ao trotskismo, conservou uma afinidade com as ideias anarquistas. Seus comentários sobre Kronstadt – que levaram a sua desavença com o amigo Lev Davidovitch – são interessantes e menos unilaterais do que as duas versões opostas que acabamos de resumir.

Durante os fatos, Serge exprime seu apoio à tentativa de mediação dos anarquistas, mas associa-se *in fine* aos bolcheviques. É em resposta à carta de Trotski endereçada a Wendelin Thomas, publicada em julho de 1937, que decide voltar ao episódio trágico de Kronstadt. Antes de tudo, refuta o argumento de Trotski segundo o qual a "insurreição foi ditada pelo desejo de receber uma ração suplementar". É inexato, escreve, que os marujos de Kronstadt tenham exigido privilégios: eles pediam a supressão das barreiras de polícia, que impediam a população de abastecer-se no campo. Por outro lado, formulavam "uma reivindicação política extremamente perigosa naquele momento, mas geral, sinceramente revolucionária e, em consequência, desinteressada: 'sovietes livremente eleitos'". Teria sido fácil, insiste Serge, evitar a insurreição, "se houvessem escutado as queixas de Kronstadt, discutido e até mesmo dado satisfação aos marujos"... Principalmente sobre as reclamações econômicas, que serão, em ampla medida, apresentadas na NEP. Teria sido fácil,

> mesmo quando a batalha estava engajada, evitar o pior: bastaria aceitar a mediação oferecida pelos anarquistas (Emma Goldman e Alexandre Berkman), que tinham um contacto confiável com os insurgentes. Por questão de prestígio, por excesso de autoritarismo, o Comitê Central recusou-se. Grande foi, em tudo isso, a responsabilidade de Zinoviev, presidente do soviete de Petrogrado, que acabava de enganar [...] toda a população, ao anunciar que o "general branco Kozlovsky havia capturado Kronstadt por traição". Teria sido fácil, humano, mais político e mais socialista, após a vitória militar [...] não recorrer ao massacre... O massacre que se seguiu foi abominável.[25]

---

25 Serge, V. Kronstadt, 10 de setembro de 1937. In: Dreyfus (org.); Serge; Trotski, *La Lutte contre le stalinisme*, p.178-9.

Isso dito, em última análise, Serge escolheu, no entanto, o poder bolchevique. Aqui está seu argumento: os insurgentes de Kronstadt

> Desejavam desencadear uma tormenta purificadora, talvez tivessem simplesmente conseguido abrir as portas a uma contrarrevolução, inicialmente camponesa, da qual os brancos e a intervenção estrangeira teriam prontamente tirado partido [...]. Kronstadt insurgida não era contrarrevolucionária, mas sua vitória teria acarretado – infalivelmente – a contrarrevolução. *Apesar de seus erros e abusos*, o partido bolchevique é, nesse momento, a grande força organizada [...] na qual é preciso, *a despeito de tudo*, depositar confiança.[26]

Victor Serge voltará ao ataque, alguns anos mais tarde, em sua memorável autobiografia, *Memórias de um revolucionário*, redigida em 1943. Por um lado, reconhece que "Kronstadt tinha razão": "Kronstadt iniciava uma nova revolução liberadora, a da democracia popular". Mas, por outro lado, se "a ditadura bolchevique caísse, em curto prazo seria o caos, através do caos a investida camponesa, o massacre dos comunistas, o retorno dos emigrados e, finalmente, uma outra ditadura antiproletária, pela força das coisas".[27]

Um ponto de vista muito próximo de Victor Serge é sugerido, paradoxalmente, por um historiador próximo dos libertários, Paul Avrich, autor de uma pesquisa universitária aprofundada sobre Kronstadt. Avrich, que se refere frequentemente

---

26 Ibid., p.180-1.
27 Serge, *Mémoires d'un révolutionnaire*, p.142-3.

a Serge, resume assim a perspectiva de seu livro: Kronstadt representa uma tragédia na qual o historiador pode simpatizar com os rebeldes e, no entanto, conceder que os bolcheviques tinham justificativas para reprimi-los. Ao reconhecer esse fato, capta-se, na verdade, toda a tragédia de Kronstadt.[28]

Serge e Avrich têm razão em insistir sobre o fato que uma derrota dos bolcheviques teria aberto o caminho à contrarrevolução. Mas esse argumento justifica o comportamento do poder soviético em relação aos insurgentes, antes, durante e depois dos combates? Vamos tentar expor nosso próprio balanço na terceira parte deste capítulo.

## Um erro e um engano

O massacre dos marinheiros de Kronstadt não foi uma "trágica necessidade", mas um erro e um engano. Não se trata aqui de refazer a história, nem de procurar se libertar de uma parte impossível de assumir de nossa herança – mesmo que não haja nenhuma vergonha nisso. Trata-se antes de extrair as consequências desse acontecimento para contemplar o futuro.

O massacre assassino da revolta de Kronstadt pelos bolcheviques é uma decisão brutal que remete a um erro indesculpável. O soviete de Kronstadt não era o ninho da contrarrevolução. Que ela tenha tentado infiltrá-lo, manipulá-lo ou instrumentalizar seu combate, é provável. Entretanto, nem tudo é questão de complô. Pelo contrário, a natureza, a história, o funcionamento, a vitalidade bem como as

---

28 Avrich, *Kronstadt 1921*, p.12.

reivindicações desse soviete, atestam claramente que Kronstadt estava de fato no campo da Revolução de 1917, e não no campo do antigo regime. Não significa que os marujos de Kronstadt estivessem isentos de qualquer exame crítico. Uma parte de suas palavras de ordem pode ser discutida e por vezes parecem quiméricas, levando em conta a urgência econômica e política em um país arruinado por anos de guerra civil travada contra os brancos e uma boa parte do mundo. Entretanto, nada na resolução que adotaram é condenável como tal. As expressões sobre o Partido Comunista e as proposições feitas podem parecer sumárias, mas a questão colocada é exatamente a da dominação abusiva do Partido Bolchevique sobre a sociedade revolucionária. A moção exige o fim do partido monopolístico, não o fim do poder soviético. Pelo contrário, ela acusa o partido de engessar o poder soviético. Portanto, se existe problema, é preciso procurá-lo em outra parte.

É verdade que, além de seu conteúdo, a moção é impregnada por um ato de desafio em relação ao poder central. Ato que conviria mensurar. Os marinheiros tiveram realmente consciência de todas as consequências induzidas por uma divisão do campo revolucionário naquela momento? Assumi-lo equivale a correr o risco objetivo de abrir uma brecha a favor da contrarrevolução. O que significa se sentir apto a refrear tal possibilidade. É questão aqui de apreciar o momento político.

Seja como for, por mais discutível que seja, esse ato permanece sem qualquer proporção com a pesada responsabilidade dos bolcheviques nessa luta fratricida. Pela voz de Zinoviev, eles recusam qualquer mediação dos anarquistas internacionalistas, como Emma Goldman. A partir daí, a ruptura é irremediável. Trotski não descansa; embora não tenha participado pessoalmente da repressão sangrenta, deu-se de qualquer modo o tempo de deixar os trabalhos do X Congresso em Moscou, onde estava, para ir ao rádio e pronunciar, na qualidade de Comissário da Guerra, o ultimato dirigido à população de Kronstadt. Também e principamente, assumiu, caucionou e apoiou a repressão. Mais aflitivo e deplorável ainda – para nós, autores que somos originários de uma organização herdeira do trotskismo –, bem mais tarde em 1937, em plena luta salutar contra a burocracia stalinista, quando reconsidera o Kronstadt, Trotski não lamenta esse desastre, a não ser como a "trágica necessidade", decidida "a contragosto".

Com efeito, apesar de sua análise pertinente e de sua reflexão teórica sobre a burocratização, Trotski não soube, não pôde ou não quis compreender e admitir que esses fatos alimentaram o processo. São a marca de uma desvitalização do poder revolucionário, não de seu reforçamento. A escolha do Partido Bolchevique constituiu em considerar, *a priori*, apenas a opção militar como única resposta a oferecer às exigências do soviete de Kronstadt. Ora, ele havia participado desde o início, e qual haja sido sua renovação social, do processo da Revolução Russa. Em resumo, o massacre de Kronstadt significou que, no campo dos sovietes, não havia mais lugar para debater livremente o caminho seguido pela Revolução. Além das circunstâncias complexas e terríveis da guerra civil, que oferecem poucas possibilidades, essa repressão foi um curto-circuito a mais, por sua violência militante e política, à opção autogestionária na Rússia. Para que serve reforçar os sovietes se, na consciência popular, instala-se a ideia de que servem unicamente para obedecer às ordens do partido?

O próprio Trotski lega ferramentas políticas antiburocráticas que permitem detectar o fato de que a contrarrevolução stalinista já estava em ação no momento da insurreição de Kronstadt. A tomada do partido por Stalin ocorrerá somente um ano mais tarde, por ocasião do XI Congresso, em abril de 1922. Esse acontecimento não foi obra de um dia. Durante a insurreição de Kronstadt, os *apparatchiks* no Kremlin ainda não se apoderaram totalmente do partido, ainda não surrupiaram a Revolução aos sovietes, mas tomam progressivamente esse caminho. Nesse contexto, o massacre dos marinheiros de Kronstadt contribuiu para servir e não para desservir sua ascensão ao poder, um poder que dali em diante não poderia mais ser contestado. Não seria possível, assim, ver na revolta de Kronstadt uma prova de que, potencialmente, ainda existiam forças na base da revolução, disponíveis para o combate contra um burocratismo crescente? É fácil fazer essa pergunta um século depois.

Seja como for, o adágio que advoga que os fins justificam os meios já é discutível em si. E é ainda mais quando se trata de um conflito que opõe revolucionários uns contra outros. Essa ferida entre vermelhos e negros está longe de ser cicatrizada. Entretanto, atar convergências implica também voltar sobre esse episódio da Revolução Russa.

## Makhno: vermelhos e negros na Ucrânia (1918-1921)

No capítulo dos contenciosos entre libertários e marxistas, Nestor Ivanovitch Mikhnienko, dito Makhno (1889-1934), ocupa um lugar eminente. Ao mesmo título que os marinheiros de Kronstadt, seu nome evoca a discórdia entre as duas famílias revolucionárias. Aqui também aconteceram alianças pontuais, seguidas de uma ruptura trágica.

Em sua obra *Makhno, la révolte anarchiste*,[29] Yves Ternon relata os episódios da vida épica desse revolucionário atípico. Vindo de uma família de camponeses pobres do sul da Ucrânia, Makhno construiu sua vida aceleradamente. Trabalha cedo, desde os 10 anos. Com 16 anos, entra no grupo anarcocomunista de sua região, em Goulai-Pole. Sua participação em ações radicais do grupo – política do "terror negro", incêndios de grandes propriedades fundiárias, atentados malogrados contra o governo local – leva-o diretamente à prisão central de Moscou, em 1908, para nove anos de reclusão. Lá, trava conhecimento com o militante anarquista Pierre Archinov, com quem completa sua formação militante. A Revolução Russa, em fevereiro de 1917, abre-lhe as portas da masmorra, um mês depois. De volta à Ucrânia, reencontra seus camaradas e funda a União dos Camponeses que, levada pela efervescência revolucionária, torna-se um verdadeiro soviete local. A União dos Camponeses conduz à coletivização das terras e às expropriações das fábricas. Makhno participa ativamente do comitê comunal.

---

29 Ternon, *La révolte anarchiste*.

Os acordos de paz de Brest-Litovsk, assinados em março de 1918, mudam as regras do jogo: preveem o desmantelamento do Império Russo e reservam um destino particular à Ucrânia; anunciam o retorno dos alemães e dos grandes proprietários fundiários. Assim, as questões sociais misturam-se às questões nacionais. Em 1918, após alguns meses, ao chegar o tempo da colheita, os camponeses veem-se, de repente, privados da safra, pelas requisições militares. Tomam então consciência da crueldade da ocupação militar estrangeira. Makhno vai a Moscou para buscar apoio e preparar o revide; encontra o anarquista Kropotkin, sem consequências significativas. Lenin o "tinha recebido amigavelmente" em seu gabinete, segundo Victor Serge.[30]

Em suas *Memórias*, o próprio Makhno relata esse encontro cortês e sincero. A propósito de Lenin, evoca seu "respeito" por "um homem com quem teria sido preciso falar de muitas coisas, junto a quem haveria muito a aprender". Durante esse encontro, ainda segundo Makhno, Lenin também é elogioso, mesmo se o cumprimento é ambíguo: "A você, camarada, considero como um homem realista, que está preocupado com os problemas atuais. Se na Rússia tivéssemos uma terça parte dessa classe de anarquistas, nós, os comunistas, estaríamos dispostos a colaborar com eles, sob certas condições..."[31]

De sua estadia em Moscou, Makhno volta persuadido de que o terreno está maduro para organizar uma guerrilha camponesa. Então, passa à ação.

---

30 Serge, *Mémoires d'un révolutionnaire*, p.158.
31 Les mémoires de Makhno. In: *Les Cahiers du Mouvement ouvrier*, n.18, sept.-oct. 2002, Cermtri.

Victor Serge, que não idealiza em demasia o personagem ("bebedor, esgrimista, inculto, idealista... estrategista nato"), enfatiza de onde vem o ímpeto que vai levá-lo a conduzir a rebelião durante mais de três anos:

> Entre os camponeses ucranianos, o espírito de rebelião, a capacidade de organização, o amor à liberdade local, a necessidade de contar apenas consigo mesmo para a sua defesa tinham dado origem a um movimento extraordinariamente vivo e poderoso [...]; a Confederação Anarquista do Rebate (Nabat) deu uma ideologia a esse movimento: a da terceira revolução libertária.[32]

A "Makhnovchtchina" acaba de nascer.

Arrastada por uma cavalaria vermelha e negra, cujo *slogan* "Terra e liberdade" é o estandarte, ela começa seu longo périplo. Estamos em setembro de 1918 e essa insurreição camponesa vai liberar a Ucrânia, combinando proezas militares e vontade de estruturar uma nova sociedade, que repouse sobre preceitos anarquistas: o exército funciona conforme os princípios do voluntariado e de eleições, as terras são autogeridas pelos camponeses e as aldeias comunizadas.

Esse episódio revolucionário é um novo exemplo de história caótica, feita de pactos e de rupturas com o Exército Vermelho. Os dois exércitos não hesitam em se aliar para enfrentar os exércitos brancos tsaristas, comandados pelo general Denikin. Entretanto, Makhno recusa qualquer tutela bolchevique.

---

32 Serge, *Mémoires d'un révolutionnaire*, p.160.

Embora as primeiras relações com o poder tenham se estabelecido fraternalmente, o anarquista não compartilha as concepções centralistas do poder soviético e desconfia de sua potencial duplicidade. Nesse aspecto, os fatos dão-lhe razão. Assim, o acordo firmado em janeiro de 1919[33] com um comandante soviético de origem ucraniana, Dybenko, nunca será realmente respeitado. Com a chegada de Trotski à frente de Exército Vermelho, no final de maio de 1919, a ruptura não para de se consumar entre Makhno e o poder bolchevique, que se esforça em reprimir um movimento que julga rebelde e incontrolável: ordem de proibição da realização de congressos locais, aviso de prisão e de execução do Estado-maior da Makhnovchtchina...

Entretanto, fortalecida por seu sucesso diante das tropas de Denikin no final de setembro, a Makhnovchtchina amplia seu prestígio junto à população. Conhece, nesse instante, sua hora de glória política e militar. Porém, os diferentes congressos camponeses e operários ucranianos não conseguem construir sua própria estrutura democrática, e a junção com a classe operária não se faz, aliás, nem sendo realmente procurada. O ímpeto revolucionário choca-se aqui contra os velhos preceitos anarquistas, pouco

---

33 O acordo pode se resumido assim: "O Exército Revolucionário Insurrecional incorpora-se ao Exército Vermelho, mas só depende dele do ponto de vista estritamente militar; tem direito ao mesmo aprovisionamento de víveres e munição; conserva seu nome, suas bandeiras negras e suas estruturas (voluntariado, princípio eleitoral, autodisciplina). Além disso, não aceita nenhum poder político (comissários) na região onde evolui. Os bolcheviques aceitam, pensando absorver em seguida a makhnovchtchina". Nurnberg, Nestor Makhno et L'Armée Insurretionnelle d'Ukraine.

Afinidades revolucionárias

adequados a tal nível de organização política global. Além do mais, o terreno militar não é necessariamente o mais propício aos princípios libertários, e Makhno, organizador sem igual, revela-se um chefe, o "batko" da Ucrânia, "pequeno pai", com uma tendência ao autoritarismo.

Hostil à repressão do Exército Insurrecional da Ucrânia, Victor Serge permite-se enfatizar que, em matéria de virtude democrática, nem tudo é necessariamente negro ou branco – negro ou vermelho – e que cada movimento conhece um lote de contradições diante da realidade dos fatos: "Não duvido que [Alexandre Berkman e Emma Goldman] teriam se sentido igualmente desorientados e indignados por uma série de coisas no interior do movimento de Makhno".[34]

Não se pode negar que a força da Makhnovchtchina consiste em conduzir sua própria experiência, repelindo os brancos e desafiando as autoridades bolcheviques por seu funcionamento autônomo. Ela escreve aqui uma das páginas mais originais do movimento libertário.

Seu sucesso incomoda. A chegada do Exército Vermelho ao sul da Ucrânia, no final do mês de dezembro de 1919, faz subir o nível de tensão e marca o começo do conflito aberto que, dali em diante, oporá vermelhos e negros. Em janeiro de 1920, inquietos com a ascensão da Makhnovchtchina, os bolcheviques proclamam o movimento "fora da lei". Uma luta sem trégua desenrola-se por vários meses, causando a morte de dezenas de milhares de pessoas. O curto parêntese, decorrente de um novo acordo concluído em outubro de 1920

---

34 Serge, *Mémoires d'un révolutionnaire*, p.197.

entre as duas partes contra o sucessor de Denikin, o barão Wrangel, encerra-se assim que é assegurada a vitória sobre os brancos, em novembro. O combate fratricida recomeça com violência. Os bolcheviques mobilizam suas tropas e seguem o rasto de Makhno.

Combatido e perseguido pelo Exército Vermelho durante longos meses, ele foge, ferido, em agosto de 1921, na companhia de algumas dezenas de fiéis e passa para a Romênia. Ao chegar à França com sua família em 1924, ele não renuncia à luta, mas tem uma atividade mais teórica. Em 1926, envolve-se com o grupo dos anarquistas-comunistas russos no estrangeiro e funda a plataforma de organização da União Geral dos Anarquistas, que milita para dotar as revoluções libertárias de uma direção e de uma organização. Portanto, distancia-se dos partidários da "síntese", como Voline e Malatesta, pois estima que o princípio de organização deles não é funcional e transforma o reagrupamento político em conglo-merado de correntes, impotente e heterogêneo. Des-vincula-se também dos anarcossindicalistas, os quais acha excessivamente obreiristas e que se limitam a anarquizar o sindicalismo. Quanto aos humanistas libertários, parecem-lhe muito afastados do com-bate contra o capital. Apoiando-se no impasse dos anarquistas individualistas, o "plataformismo" quer agir como complemento do anarcossindicalismo e assim "juntar suas forças numa organização geral continuamente ativa, como é exigido pela realidade e a estratégia da luta de classes".[35] Em 1927, recebe dois libertários espanhóis, Buenaventura Durruti e

---

35 Plateforme d'organisation des communistes libertaires. In: *Cause* ouvrière, juin 1926.

Afinidades revolucionárias

Francesco Ascaso, da CNT, e convence-os da necessidade de princípios organizacionais: eles porão esses princípios em prática durante a revolução na Catalunha, em 1936. Dois anos antes das barricadas promissoras em Barcelona no verão de 1936, Makhno morre na França, em julho de 1934.

# III
## Alguns pensadores marxistas libertários

## Walter Benjamin
## (1894-1940)

Walter Benjamin ocupa uma posição única na história do pensamento marxista moderno, por sua capacidade de incorporar na teoria do materialismo histórico elementos da crítica romântica da civilização, da tradição messiânica judaica e do pensamento anarquista. Com efeito, ele tentou articular, combinar, fundir ideias libertárias e comunismo marxista. Essa empreitada é uma das características mais singulares de seu pensamento.

É no início de 1914, durante uma conferência sobre a vida dos estudantes, que Benjamin faz, pela primeira vez, referência à utopia libertária. Contrapõe imagens utópicas, revolucionárias e messiânicas à ideologia do progresso linear, informe e vazio de sentido, que, "confiando na eternidade do tempo, só distingue o ritmo mais ou menos rápido dos homens e das épocas que correm rápida ou lentamente na esteira do progresso". Presta homenagem à ciência e à arte livres, "estranhas e frequentemente até hostis ao Estado" e integra-se às ideias de Tolstoi e "dos mais profundos anarquistas".[1]

Em seu ensaio de 1921, *A crítica da violência*, encontram-se reflexões diretamente inspiradas por Georges Sorel e pelo anarcossindicalismo. O autor não esconde seu absoluto desprezo pelas instituições do Estado, como a polícia – "a maior degenerescência imaginável do poder" – ou o Parlamento ("espetáculo lamentável"). Aprova sem reserva a crítica antiparlamentar "arrasadora, no todo acertada" dos bolcheviques e dos anarcossindicalistas – duas correntes que associa aqui explicitamente como estando do mesmo lado –, assim como a ideia soreliana de uma greve geral que "se propõe, como única tarefa, a aniquilar o poder do Estado". Essa perspectiva, que ele designa como "anarquista", parece-lhe digna de elogios, porque "profunda, moral e autenticamente revolucionária".[2]

Em um texto da mesma época que permaneceu inédito, "Das Recht zur Gewaltverwendung. Blatter für religiösen Sozialismus" [O direito ao uso da violência: páginas para um socialismo religioso] (1920-1921), é ainda mais explícito, ao designar seu próprio pensamento como *anarquista*:

> A exposição deste ponto de vista é uma das tarefas de minha filosofia moral, para a qual o termo "anarquismo" pode certamente ser utilizado. Trata-se

---

1 Benjamin, La vie des étudiants (1914), p.37, 42, 44.
2 Id., Pour une critique de la violence (1921), p.133-4, 137-8, 147.

de uma teoria que não rejeita o direito moral à violência como tal, entretanto, em vez disso, recusa-o a qualquer instituição, comunidade ou individualidade que se outorgue o monopólio da violência [...].[3]

Portanto, é evidente pela leitura de seus escritos dos anos 1914-1921 que o anarquismo é a primeira tendência de Benjamin, que dá uma forma ético-política a sua rejeição radical e categórica das instituições. É apenas tardiamente – com os acontecimentos revolucionários de 1917-1923 na Rússia e na Europa – que descobre o marxismo. Os acontecimentos na Rússia e na Alemanha sem dúvida despertaram sua atenção para essas ideias, mas é somente em 1924, ao ler *História e consciência de classe* (1923), de Georg Lukács, e ao conhecer, durante suas férias na Itália, a bolchevique letã Asja Lacis – por quem se apaixona – que começa a se interessar pelo comunismo marxista, um dispositivo central de sua reflexão política.

A primeira obra de Benjamin na qual a influência do marxismo é visível é *Rua de mão única*, surpreendente colagem de anotações, comentários e fragmentos consagrados à República de Weimar, durante os anos de hiperinflação, na crise do pós-guerra. Redigido em 1923-1925, foi publicado em 1928. É interessante observar que, nessa obra, a única corrente política revolucionária mencionada é... o anarcossindicalismo. Em um fragmento curiosamente intitulado "Ministério do Interior", Benjamin examina duas ideias-tipo do comportamento político:

---

3 Id., Das Recht zur Gewaltverwendung: Blatter für religiösen Sozialismus, p.133-4, 137-8, 147.

a) o homem político conservador, que não hesita em colocar sua vida privada em contradição com as máximas que defende em sua vida pública; b) o anarcossindicalista, que submete sua vida privada às normas que quer transformar em leis de um Estado social futuro.[4]

O documento marxista-libertário mais importante de Benjamin é, sem dúvida, seu ensaio sobre o surrealismo, datado de 1929. Já nos primeiros parágrafos, Benjamin descreve-se como o "observador alemão", situado em uma posição de quem "experimentou na própria carne sua perigosa vulnerabilidade à rebelião anarquista e à disciplina revolucionária". Nada traduz de maneira mais concreta e ativa a convergência tão ardentemente desejada entre esses dois polos do que a manifestação organizada pelos comunistas e pelos libertários em defesa dos anarquistas Sacco e Vanzetti. Ela não passou despercebida dos surrealistas, e Benjamin não deixa de enfatizar a "bela passagem" (*ausgezeichnete Stelle*) do livro de André Breton, *Nadja* (1928), com "esplêndidos dias de pilhagem, em Paris, por ocasião do episódio de Sacco e Vanzetti": "Breton nos assegura que nesses dias o Boulevard Bonne-Nouvelle cumpriu a promessa estratégica contida em seu nome",[5] escreve Benjamin.

É verdade que Benjamin tem uma concepção extremamente ampla do anarquismo. Ao descrever as origens longínquas do surrealismo, escreve:

---

4 Id., *Gesammelte Schriften*, IV, 1, p.93.
5 Id., Der Surrealismus. Die letzte Momentaufnahme der europäischen Intelligenz, p.297-8.

Entre os anos 1865 e 1875, alguns grandes anarquistas, trabalhando independentemente uns dos outros, fabricaram suas máquinas infernais. O surpreendente é que, sem qualquer coordenação entre si, ajustaram seus relógios precisamente na mesma hora e, 40 anos depois, os escritos de Dostoiévski, Rimbaud e Lautréamont explodiram, na mesma época, na Europa Ocidental.[6]

A data, quatro décadas após 1875, evidentemente é uma referência ao nascimento do surrealismo, principalmente com a publicação em 1924 do primeiro *Manifesto do surrealismo*. Se Benjamin designa esses três autores como "grandes anarquistas", não é apenas porque a obra de Lautréamont, esse "livro errático", faz parte da tradição insurrecional, ou porque Rimbaud fez parte da Comuna. É sobretudo porque seus textos, romances e poemas fizeram saltar, como a dinamite de Ravachol ou dos niilistas russos, a ordem moral burguesa, o "diletantismo moralizante" dos *Spiesser* e dos filisteus.[7]

A dimensão libertária do surrealismo manifesta-se diretamente, diz Benjamin, também pelo fato de que "desde Bakunin, não havia mais na Europa um conceito radical de liberdade. Os surrealistas dispõem desse conceito". Na imensa literatura

---

6 Ibid. Se Rimbaud e Lautréamont fazem parte dos precursores reconhecidos pelos surrealistas, esse não parece ser o caso de Dostoiévski, exceto para Max Ernst, que o faz figurar em seu célebre quadro de 1921, "Encontro de amigos".

7 O termo "pequeno-burguês" da tradução francesa não dá conta da carga cultural da palavra alemã *Spiesser*, que designa o indivíduo grosseiro, tacanho e prosaico da sociedade burguesa. Cf. Benjamin, Der Surrealismus, p.305.

consagrada ao surrealismo ao longo dos últimos 70 anos, é raro encontrar uma expressão tão pregnante, tão capaz de exprimir, pela graça de algumas palavras simples, a alma do movimento fundado por André Breton. Segundo Benjamin, é a "hostilidade da burguesia contra toda manifestação de liberdade espiritual" que levou o surrealismo para a esquerda, para a revolução e, a partir da guerra do Rif, para o comunismo. Como se sabe, em 1927, Breton e outros surrealistas depois dele aderiram ao Partido Comunista Francês.[8]

Essa tendência à politização e a um compromisso crescente não significa, aos olhos de Benjamin, que o surrealismo deva renunciar à sua carga mágica e libertária. Pelo contrário, é graças a essas qualidades que pode desempenhar um papel único e insubstituível no movimento revolucionário: "Em todos os seus livros e iniciativas, a proposta surrealista tende ao mesmo fim: mobilizar para a revolução as energias da embriaguez. Podemos dizer que é essa a sua tarefa mais autêntica". Entretanto, para consumar essa tarefa, é preciso que o surrealismo supere uma postura excessivamente unilateral e associe-se ao comunismo:

> Sabemos que um elemento de embriaguez está vivo em cada ato revolucionário, mas isso não basta. Esse elemento é de caráter anárquico. Privilegiá-lo exclusivamente seria sacrificar a preparação metódica e disciplinada da revolução a uma práxis que oscila entre o exercício e a véspera da festa.[9]

---

8 Ibid., p.306, 310.
9 Ibid., p.311. Benjamin fala também de "associar a revolta à revolução".

## Afinidades revolucionárias

Quase não há referência explícita ao anarquismo nos últimos escritos de Benjamin. De acordo com um observador crítico tão perspicaz quanto Rolf Tiedemann, editor de suas *Obras completas*, seus últimos textos "podem ser lidos como um palimpsesto: sob o marxismo explícito, o velho niilismo torna-se visível e seu caminho poderia conduzir à abstração da prática anarquista".[10] O termo palimpsesto talvez não seja o mais adequado: trata-se menos de uma superposição do que de uma liga alquimista de substâncias previamente destiladas pelo autor, à sua maneira.

É no início do ano 1940 que Benjamin redige seu "testamento político", as teses *Sobre o conceito de história*, um dos documentos mais importantes do pensamento revolucionário desde as *Teses sobre Feuerbach*, de Marx. Alguns meses depois, tenta fugir da França de Vichy e de sua polícia que persegue os exilados alemães antifascistas e os judeus em geral. Chegando a Cerbère, lado francês, atravessa os Pirineus com um grupo de refugiados, passa a fronteira, mas do lado espanhol a polícia – de Franco – prende-os e ameaça entregá-los à Gestapo. É então, no vilarejo espanhol Port-Bou, que Walter Benjamin escolhe o suicídio.

Ao analisar este último texto, Rolf Tiedermann comenta: "A representação da práxis política em Benjamin era antes a expressão entusiasta do anarquismo do que a expressão, mais sóbria, do marxismo".[11] Essa formulação apresenta um

---

10 Tiedermann, Nachwort, p.207.
11 Tiedermann, *Dialektik in Stillstand*, p.130. Cf. também p.132, onde verifica nas *Teses* a presença de "conteúdos teóricos do anarquismo".

inconveniente; opõe dois pensamentos, dois caminhos que Benjamin procurou precisamente associar, porque lhe pareciam complementares e igualmente necessários à ação revolucionária: a "embriaguez" libertária e a "sobriedade" marxista.

## André Breton
## (1896-1966)

Autor do *Manifesto do surrealismo* (1924), André Breton pode ser considerado o "inventor" – no sentido alquimista – do surrealismo. Inspirado pelo desejo de romper com a civilização burguesa ocidental, aproxima-se das ideias da Revolução de Outubro, como testemunha, em 1925, sua resenha do *Lenin*, de Leon Trotski. Se ingressa no Partido Comunista Francês em 1927, não deixa de conservar, como explica na brochura, *Au grand jour* [Aos olhos de todos], seu "direito de crítica".

É o *Segundo manifesto do surrealismo* (1930) que tira todas as consequências desse ato. Nele, Breton afirma "totalmente, sem reservas, nossa adesão ao princípio do materialismo histórico". Embora invoque a distinção, mesmo a oposição entre o "materialismo primário" e o "materialismo moderno", ao qual Friedrich Engels se alinha, ele insiste no fato de que o "surrealismo considera-se indissoluvelmente ligado, em consequência das afinidades que assinalei, à marcha do pensamento marxista e unicamente a essa marcha".

É evidente que seu marxismo não coincide com a vulgata oficial da III Internacional. Pertence, em todo caso, como o de José Carlos Mariátegui, de Walter

Benjamin, de Ernst Bloch e de Herbert Marcuse – todos atraídos pelo surrealismo! –, ao que se poderia chamar um marxismo romântico, quer dizer, um marxismo fascinado por algumas formas culturais do passado pré-capitalista, mas que transforma essa nostalgia em força no combate pela transformação revolucionária do presente. É em Breton e no surrealismo que a tentativa romântica/revolucionária de *re-encantamento do mundo* pela imaginação atinge sua expressão mais brilhante.

Essa adesão ao comunismo e ao marxismo não impede que exista, no fundamento da atitude de André Breton, uma postura irredutivelmente libertária. Basta lembrar a profissão de fé do *Primeiro Manifesto do Surrealismo*: "A única palavra liberdade é tudo o que me exalta ainda". Essa dimensão libertária, sem dúvida, contribuiu para que Breton e a maioria dos surrealistas (sem Louis Aragon!) escolhessem definitivamente romper com o stalinismo em 1935. Mas em nada é uma ruptura com o marxismo, que continua a inspirar suas análises; trata-se simplesmente de romper com o oportunismo de Stalin e seus acólitos, os quais "tendem infelizmente a aniquilar esses dois componentes essenciais do espírito revolucionário", que são a recusa espontânea das condições de vida propostas aos seres humanos e a necessidade imperiosa de mudá-las.

Em 1938, Breton visita Trotski no México. Os dois homens redigem juntos um dos documentos mais importantes da cultura revolucionária do século XX: o apelo "Por uma arte revolucionária independente", que contém a célebre passagem:

Para a criação intelectual, a Revolução deve, desde o começo, estabelecer e assegurar um regime anarquista de liberdade individual. Nenhuma autoridade, nenhuma coação, nem o menor traço de comando! [...] Os marxistas podem caminhar aqui de mãos dadas com os anarquistas...

Como se sabe, essa passagem vem da pluma do próprio Trotski, mas é possível imaginar também que seja o produto das longas conversas de ambos, à beira do lago Pátzcuaro.[12]

Após a guerra, a simpatia de Breton pela anarquia vai se manifestar mais claramente. Em *Arcano 17* (1947), relembra a emoção que sentiu, quando criança ainda, descobriu em um cemitério um túmulo que tinha essa simples inscrição: "Nem Deus, nem Mestre". A esse propósito, enuncia uma reflexão geral: "Acima da arte, da poesia, independentemente de nossa vontade, encontra-se também uma bandeira alternadamente vermelha e preta" – duas cores entre as quais ele se nega a escolher.

De outubro de 1951 a janeiro de 1953, os surrealistas colaboram regularmente com o jornal *Le Libertaire*, órgão da Federação Anarquista Francesa: nele publicam artigos e notas. O principal correspondente deles na federação nesse momento é o comunista

---

12 A documentação referente ao "encontro entre o Leão e a Águia" foi reunida por Arturo Schwarz em seu livro *Breton/ Trotski*. É possível também ler os textos de Marguerite Bonnet e Gérard Broche nos *Cahiers Léon Trotsky*, n.25, março 1986 (número sobre "Trotsky et les écrivains français"). [Em português, parte desses textos são encontrados em: Breton-Trotski. In: Facioli (org.), *Por uma arte revolucionária independente*. – N. T.]

libertário Georges Fontenis. É no contexto dessa ligação que André Breton escreveu o texto flamejante "A clara torre" (1952), no qual relembra as origens libertárias do surrealismo: "Onde o surrealismo reconheceu-se pela primeira vez, bem antes de definir a si mesmo, e quando ainda era apenas a associação livre de indivíduos, que rejeitavam espontaneamente e em bloco as coerções sociais e morais de seu tempo, foi no espelho negro do anarquismo". Fiel a essa origem, Breton manifesta em 1952 sua simpatia pelo movimento anarquista, "o que nosso camarada Fontenis descreve 'como o próprio socialismo, quer dizer, essa reivindicação moderna pela dignidade do homem (sua liberdade tanto quanto seu bem-estar)'..."

Em 1953, Breton rompe com *Le Libertaire* de Fontenis, mas não corta os laços com os libertários, continuando a colaborar com algumas de suas iniciativas.[13]

Esse interesse e essa simpatia ativa pelo socialismo libertário não o levam, no entanto, a renegar sua adesão à Revolução de Outubro, nem às ideias de Leon Trotski. Em uma intervenção em 19 de novembro de 1957, ele persiste e assina: "Contra ventos e marés, estou entre os que ainda encontram, na lembrança da Revolução de Outubro, uma boa parte desse impulso incondicional que me conduziu a ela, quando eu era jovem e que envolvia o dom total de si mesmo". Saudando o olhar de Trotski, tal

---

13 Breton, La claire tour, p.424. A propósito desse episódio, ver as notáveis brochuras publicadas com o título *Surréalisme et Anarchisme*, pelo Atelier de Création Libertaire de Lyon, em 1992 e 1994.

como aparece, em uniforme do Exército Vermelho, em uma velha fotografia de 1917, proclama: "um tal olhar e a luz que dele jorra, nada poderá extingui--lo, não mais do que Termidor pôde alterar os traços de Saint-Just". Enfim, em 1962, em uma homenagem a Natalia Sedova, que acabava de morrer, ele invoca vivamente o dia, no qual, enfim, "toda justiça seria rendida a Trotski, mas ainda ganhariam pleno vigor e pleno alcance as ideias pelas quais ele deu sua vida".[14]

Para concluir, o surrealismo e o pensamento de André Breton são talvez esse ponto de fuga ideal, esse lugar supremo do espírito onde se encontram a trajetória libertária e a do marxismo revolucionário. Mas não se deve esquecer o que Ernst Bloch chamava "excedente utópico", um excedente de luz negra que escapa aos limites de qualquer movimento social ou político, por revolucionário que seja. Essa luz emana do núcleo da noite do espírito surrealista, que não pode ser fraturado, de sua busca obstinada do ouro do tempo, de seu mergulho entusiasta nos abismos do sonho e do maravilhoso.

## Daniel Guérin
## (1904-1988)

As relações entre marxistas e libertários são conflituosas, mas historicamente e ideologicamente imbricadas. Eles superpõem-se desde os primeiros tempos, quando o movimento operário realiza seus

---

14 Esses dois textos encontram-se em Schwarz, *Breton/Trotsky*, p.194, 200.

primeiros passos, no momento da I Internacional ou na primeira vaga do sindicalismo revolucionário. No século XX, o encontro frustrado entre vermelhos e negros da Revolução Russa afasta as duas famílias. Paradoxalmente, entre certos militantes, essa fissura faz nascer o desejo de reencontro, um desejo insaciado. Daniel Guérin é um entre eles.

Escritor – autor de uma vintena de obras –, historiador dos movimentos de emancipação, militante indefectível da luta anticolonial, da causa homossexual, é também um dos pensadores libertários na França mais disponíveis à síntese entre marxismo e anarquismo. Sua vida explica sua dupla herança: ele faz de certa maneira, no sentido inverso, o percurso ideológico de Victor Serge, alguns anos antes, passa do marxismo ao anarquismo. Tal como ele, oscila no engajamento e não procura voltar aos amores iniciais, nem viver na fronteira política das duas famílias. Torna-se um libertário por completo. Da maneira de Victor Serge, deseja conservar o melhor de seu engajamento passado e imagina a possibilidade de um enriquecimento mútuo.

Guérin começa a militar nos anos 1930, ao lado de Pierre Monatte, como sindicalista revolucionário, e junto a Marceau Pivert, como socialista revolucionário: nesse quadro partidário, participa do combate da esquerda revolucionária no seio da SFIO. "Ao entrar, sob essa pressão, no movimento revolucionário [...], eu fui, antes de tudo, antistalinista visceral", conta na introdução de seu livro *À la recherche d'un communisme libertaire* [À procura de um comunismo libertário]. Dessa vida militante, de suas leituras, ele diz ter guardado uma compreensão que lhe "descerrou os olhos, desvendou os mistérios do mais-valor capitalista, ensinou o materialismo histórico". A leitura de Bakunin, nos anos 1950, teve sobre ele o efeito "de uma segunda operação de catarata", que o tornou "para sempre alérgico a qualquer versão de socialismo autoritário, que se chame jacobino, marxista, leninista, trotskista".[15] Esse resumo não deve ocultar o fato de que, por detrás dessa grande bifurcação no combate de Guérin, há um militante que se procura, que se questiona, tenta várias vias políticas e experimenta inúmeras causas. Combatente anticolonialista constante, da Indochina à Argélia, mantém durante um tempo correspondência com Trotski, milita no Partido Socialista Unificado (PSU) e participa da fundação do Movimento Comunista Libertário em 1973.

De cada uma dessas sequências, ele retém alguma coisa e nunca corta o cordão teórico de seus múltiplos engajamentos. Vive as mudanças de rumo como complementaridades e desconfia das rupturas definitivas: um fio vermelho e negro conecta cada um desses períodos.

Assim, após ter tomado suas distâncias com o marxismo, ele não esquece, no entanto, de manter passarelas teóricas e pretende, por isso mesmo, a síntese de um marxismo libertário. Em 1966, em um texto de título revelador, *Irmãos gêmeos, irmãos inimigos*, ele procura salvar o melhor de cada família política, partindo do postulado que "o anarquismo é inseparável do marxismo" e querer "opô-los um ao outro é colocar um falso problema".[16] Navegando na contracorrente dos distanciamentos impostos pela

---

15 Guérin, Prefácio de *À la recherche d'un communisme libertaire*.

16 Id., *Frères jumeaux, frères ennemis*, p.18.

história da primeira metade do século XX, ele reafirma a necessidade de um olhar cruzado entre "duas variantes extremamente aparentadas de um só e mesmo socialismo".[17] Além das "querelas de família", as origens comuns são indeléveis: há um toque libertário em Marx e em Lenin; encontra-se marxismo em Bakunin. Evidentemente, há divergências de porte entre os partidários da abolição imediata do Estado após a revolução e os que pensam em manter um outro Estado, destinado à própria extinção, durante um período de transição.

Guérin imagina as convergências políticas possíveis a partir de uma confrontação produtiva de ideias. Trata-se, no fundo, de "meios divergentes" para atingir uma "estratégia a longo prazo": "Destruir o capitalismo, abolir o Estado, acabar com todos os tutores e confiar as riquezas sociais aos próprios trabalhadores".[18] Ele distingue na *Carta de 1871*, escrita por Marx após o fracasso da Comuna de Paris, "um ponto de partida, como uma primeira demonstração de que é possível conciliar proveitosamente as duas correntes de pensamento".[19] Guérin está profundamente convencido de que "o socialismo, um pouco desacreditado nos nossos dias para os verdadeiros socialistas, poderia ainda ser regenerado se houvesse êxito em injetar um pouco de 'soro' do anarquismo nos marxistas de hoje".[20] Esse "soro anarquista" é a autogestão, o federalismo, o

---

17 Ibid.

18 Ibid.

19 Guérin, *Un Marx libertaire? À la recherche d'un communisme libertaire.*

20 Id., *Fréres jumeaux, frères ennemis*, p.19.

sindicalismo revolucionário, bem como o lugar central do indivíduo em um projeto de emancipação coletiva.

Daniel Guérin milita por esse objetivo ao longo de toda sua existência, nunca renuncia a apresentar o comunismo libertário como uma alternativa tanto ao "marxismo autoritário degenerado", quanto ao "velho anarquismo ultrapassado e fossilizado".[21] Sua constância e sua determinação em manter as pontes são comunicantes e seu apelo é de uma candente atualidade. "Se tomar um banho de anarquismo, o marxismo de hoje pode sair curado de suas pústulas e regenerado." Essa banho é mais do que nunca necessário.

---

21 Extraído de sua conferência em Nova York, em novembro de 1973 (Guérin, *L'Anarchisme*, p.252). [Versão em português disponível em: <https://www.marxists.org/portugues/guerin/1973/11/06.htm>. – N. T.].

# IV
## Questões políticas

## Indivíduo e coletivo

Reconheçamos: na escala da História, o movimento anarquista carrega a bandeira da emancipação individual bem mais alto do que a família marxista. A ditadura totalitária e mortífera do stalinismo, que se consumou em nome do comunismo, contribuiu muito para isso. Ao instaurar uma versão grosseira de coletivismo, o "comunismo de caserna" denegou o indivíduo e restringiu-o a obrigações com relação aos *apparatchiks* e ao Estado, sob a capa de servir com prioridade à comunidade. Entretanto, essa tragédia não conseguiria aniquilar tudo e, quando se entra em detalhes, também existem conivências vermelhas e negras no que diz respeito ao lugar do indivíduo, sob a condição de que, em cada campo, se recuse a opor o indivíduo ao coletivo, o "eu" ao "nós", o particular ao global ou a singularidade ao universal. Pois, ao projeto coletivista desnaturado, corresponde, do outro lado do espelho, uma versão anarquista tão exagerada, tão deformada quanto o "comunismo de caserna": é assim que certas correntes anarquistas rejeitam não apenas toda forma organizacional ou coletiva, mas chegam a execrar a própria ideia de comunidade de destino. Afirmam inspirar-se, nesse ponto, em um dos precursores do pensamento anarquista individualista, o filósofo alemão Max Stirner (1806-1856).

Em sua obra *O único e sua propriedade*, Stirner expõe um arrazoado a favor da unicidade individual, que incita cada um a não renunciar a si mesmo, a liberar-se de qualquer forma de alienação; reivindica um direito imprescritível à liberdade individual contra qualquer forma de opressão moral ou institucional. Na contracorrente do anti-individualismo amplamente disseminado nas correntes filosóficas do início do século XIX, ele antevê as ameaças que o espectro estatista faz potencialmente planar sobre os projetos de emancipação individual na Alemanha. A unicidade, conforme ele escreve, assume contornos obrigatoriamente em contradição com qualquer perspectiva coletivista ou comunista. Mais ainda, opõe-se, sempre nos termos de sua tese, à própria ideia de "vida comum" ou de "povo". A emancipação compartilhada torna-se incompatível com a liberdade individual. Rejeita a noção de "consciência" coletiva. Curiosa visão de reserva, pois uma construção pessoal que renuncia ao outro já não seria, em parte, uma renúncia a si mesmo?

Embora se considerasse discípulo de Stirner, o comunista libertário Daniel Guérin sugere uma relação complementar entre o indivíduo e o coletivo, apoiando-se para isso nas reflexões filosóficas de

Bakunin (1814-1876): "Bakunin propõe lançar uma ponte entre os indivíduos e o movimento de massas". E chega a citá-lo:

> Toda a vida social não é senão outra coisa que esta dependência incessante e mútua de indivíduos e massa. Todos os indivíduos, mesmo os mais inteligentes e os mais fortes [...] são, em cada instante da sua vida, simultaneamente produtores e produtos da vontade e da ação das massas.

Guérin conclui: "Para o anarquista, o movimento revolucionário é o produto desta ação recíproca".[1]

Com o risco de entrar no debate em sentido contrário às ideias preestabelecidas, existe paradoxalmente em Marx, e sobretudo nos trabalhos do jovem Marx, um individualismo jovial que a desnaturação exageradamente coletivista não destruiu. Em seus *Manuscritos econômico-filosóficos* escritos em 1848, Marx reafirma a que ponto o indivíduo não é um meio, mas um fim em si. O objetivo último do comunismo visa à realização de cada um. O capitalismo, ao transformar em mercadoria todas as sequências da atividade humana, fraciona, "fragmenta" o indivíduo: "Cada uma das suas relações humanas com o mundo, ver, ouvir, cheirar, degustar, sentir, pensar, intuir, perceber, querer, ser ativo, amar, enfim todos os órgãos da sua individualidade" foram alienados pela lei do lucro. Mais tarde, em 1867, em *O capital*, ele aprofundou mais essa ideia e opõe o *ser* do homem completo ao *ter* do homem "fragmentado" pela alienação capitalista. Este último é cindido pela

---

1 Guérin, *L'Anarchisme*, p.48.

divisão do trabalho, é despossuído de sua produção pela lei do valor: pelo trabalho, os assalariados transformam matérias-primas em mercadorias, e assim dão a elas um valor suplementar, valor que só retorna muito parcialmente aos produtores em forma de salários. O indivíduo, encurralado entre a dupla natureza do trabalho e os circuitos do capital, é sistematicamente separado de uma parte de si mesmo, de seu tempo social, de sua produção, de seu trabalho: de uma atividade que lhe é própria na origem. O capitalismo não é individualista, ele oprime o indivíduo.

Essa contribuição do marxismo à concepção de indivíduo, à sua defesa contra o capital não é anódina. São os escritos de Marx, por exemplo, que dão a base política do humanismo revolucionário de Ernesto Guevara. Che descobre nos *Manuscritos de 1844* o Marx que "pensava na libertação do homem e via o comunismo como a solução das contradições que produzirão sua desalienação"; ele encontra em *O capital* aquele que desenvolve um "caráter humanista (no melhor sentido da palavra)".[2] À "gaiola invisível" que confina nossas personalidades, ele prefere um comunismo que chama de a "sociedade do homem comunista",[3] na qual coletivo e indivíduo entretêm uma relação complementar e equilibrada. Pois o povo não é uma massa conformista e anônima, mas "um ser multifacetado [que] não é [...] a soma de elementos da mesma categoria (reduzidos à mesma categoria, além disso, pelo sistema imposto), que atua como um manso rebanho".[4]

---

2 Marx, *Oeuvres III, textes politiques*, p.159.

3 Ibid., p.285.

4 Ibid., p.279

Afinidades revolucionárias

Portanto, se é essencial "reindividualizar" o projeto comunista, é igualmente necessário "coletivizar" as ideias anarquistas. O ponto de equilíbrio entre particular e global é estreito, é fundamental encontrá-lo. Denegrir a singularidade é, com certeza, seguir os passos do totalitarismo, mas renunciar a qualquer ideia de coletivo leva inelutavelmente a fechar-se em si mesmo. O universal pode se aninhar no particular tanto quanto a identidade pessoal pode se espraiar na relação com o outro. Longe do individualismo egoísta e agorafóbico, ou do socialismo formatado por *playmobils*, permanece em aberto uma voz humanista revolucionária. Che Guevara gostava de citar frequentemente José Martí, poeta cubano: "Todo homem verdadeiro deve sentir na face o golpe desferido em qualquer face de homem". Nascia dessa profissão de fé seu internacionalismo verdadeiro: não é possível se sentir autenticamente livre, a título individual, enquanto outros povos são subjugados.

É necessária uma nova abordagem radical do individualismo contemporâneo, como conclamam principalmente os sociólogos críticos Philippe Corcuff, Jacques Ion e François de Singly, em sua obra *Politiques de l'individualisme*.[5] A própria noção de individualismo era considerada paradoxalmente uma aberração, a negação do indivíduo. No século XIX, o revolucionário Augusto Blanqui (1805-1881) já falava do "individualismo que, há milhares de anos, assassina em permanência a liberdade e o indivíduo". Acrescentava: "O comunismo é a salvaguarda do indivíduo, o individualismo [o do capital e o dos moralistas] é a sua exterminação. Para um, todo indivíduo é sagrado. O outro não

---

5 Corcuff; Ion; Singly, *Politiques de l'individualisme*.

o considera mais do que um verme da terra".[6] Um século e meio depois, a globalização capitalista é um sistema que gerou novas necessidades pessoais, além das simples aspirações consumistas, em termos de acesso à cultura, ao conhecimento, ao *savoir-faire*, às viagens... Ora, o reino do capital, por ser o que é, só pode satisfazer essas aspirações para uma minoria, embora as suscite em grande número de pessoas. Reintegrar a dimensão individual, e não deixar esse terreno aos liberais, evoca uma dupla tarefa. Implica, antes de tudo, integrar essa dimensão no projeto de sociedade que defendemos para amanhã, que deve principalmente, e mais do que nunca, assimilar a questão das opressões (racista, sexista e sexual) e das liberdades individuais. Nesse único aspecto, a liberdade de expressão assume, com a internet, uma nova reviravolta na relação que institui entre o indivíduo e o grupo: é uma das lições da utilização das redes sociais, por exemplo, nas revoluções árabes ou no movimento dos Indignados. Mas conferir um lugar central a um individualismo compartilhado também subentende mudar as práticas militantes, *aqui e agora*. Isso interpela: que tipo de representação política queremos construir?

Hoje é importante romper com os esquemas estabelecidos da política, que dividem o mundo em dois: os que sabem e os que não sabem, e partir do postulado de que cada um de nós pode e sabe alguma coisa. O filósofo Jacques Rancière, em seus numerosos trabalhos, e principalmente em seu livro *O mestre ignorante* ou na coletânea de suas palestras *Tant pis pour les gens fatigués* [Azar das pessoas cansadas], por exemplo, convida-nos a partir da igualdade

---

6 Blanqui, *Maintenant, il faut des armes*, p.106-7.

intelectual de todos, em vez de partir de nossas pressupostas desigualdades nesse terreno. Assumir esse traço de individualismo como uma preocupação de emancipação legítima apavora as classes dominantes: "O discurso intelectual dominante une-se ao pensamento das elites censitárias e cultas do século XIX: a individualidade é uma coisa boa para as elites; torna-se um desastre para a civilização se a ela todos têm acesso".[7] A política, mesmo militante, entendida somente como questão de divisão hierárquica de saberes, entretém a ruptura entre o povo, os indivíduos e as formações políticas. Os políticos profissionais, que temem que as massas se imiscuam na vida política, têm esse interesse – mas não os militantes. Esse abismo, essa cesura estão no âmago da mobilização dos Indignados, que abala o mundo. Esse movimento clama ao mesmo tempo: "a democracia real, agora, somos nós", e exige de cada um uma participação estritamente individual no movimento. Os militantes podem se envolver, mas em seu próprio nome, e não em nome de suas estruturas.

No centro do novo período, que se abriu após a queda do muro de Berlim, em 1989, uma multiplicidade de tentativas, mais ou menos bem-sucedidas, manifestou a vontade de tornar possível a "expressão de si mesmo", para retomar a fórmula do sociólogo François de Singly, em "Pour un socialisme individualiste".[8] Essa busca esbarra em aspectos íntimos e coletivos. É uma das razões pelas quais o tema da dignidade (re)encontrada coloca-se sistematicamente nesses combates. Indignar-se, hoje, começa

---

7 Rancière, *La Haine de la démocratie*, p.3.
8 Singly, Pour un socialisme individualiste, p.123.

por um ato eminentemente individual, um gesto de resistência que pode parecer anódino, mas que, no entanto, precisa mobilizar a força interior que vela em cada um de nós: tomar (enfim) a palavra. Ainda que fosse só isso. Primeira recusa que leva alguém a cometer violência contra si mesmo, a desinibir-se e a descobrir-se sob um novo dia. Já é remover, em parte, as correntes de uma alienação contemporânea que nos explora ao mesmo tempo que nos incita ao silêncio, sufocados que somos pelas mordaças de nossas próprias aceitações. O objetivo do militante não consiste, na origem, em oferecer essa liberdade? O engajamento não é antes de tudo uma fonte de enriquecimento pessoal? Desse ponto de vista, parece que um novo *"logicial"* deva ser instalado com urgência no funcionamento e na vida das organizações revolucionárias do século XXI, sejam elas marxistas, sejam elas libertárias.

## Fazer a revolução sem tomar o poder?

Para uma boa parte da esquerda, mesmo revolucionária, a mudança social passa necessariamente pelo Estado, pelo poder do Estado, que se trata de "tomar". Isso culmina em uma concepção da "revolução pelo alto" que conduz, cedo ou tarde, a deformações autoritárias e burocráticas.

Inspirado pelo movimento zapatista de Chiapas, John Holloway, intelectual engajado de origem holandesa, vivendo no México, publicou em 2002 uma obra intitulada *Mudar o mundo sem tomar o poder: o significado da revolução hoje*, que teve uma repercussão considerável no movimento anarquista, autônomo e antiautoritário, especialmente na América Latina. É um livro importante, animado por uma autêntica fúria anticapitalista: quaisquer que sejam seus limites e suas fraquezas, põe em evidência, de forma impressionante, a força crítica e subversiva da negatividade. Seu objetivo é ambicioso e atual: tornar mais aguda a crítica marxista do capitalismo.

A crítica feita por Holloway das concepções estatistas da "tomada do poder", que seja pela social--democracia ou pelo stalinismo, é pertinente, bem como seu questionamento das concepções vanguardistas das guerrilhas que se propõem a "tomar o poder" em nome do povo. Nosso principal desacordo reside na própria tese de Holloway, que dá título ao livro: *Mudar o mundo sem tomar o poder*. Ela é baseada, essencialmente, em três argumentos teóricos.

O primeiro é a observação de que o Estado existente faz parte das relações sociais capitalistas. Entretanto, como ele próprio reconhece, o marxismo revolucionário está consciente dessa imbricação: seu objetivo não é se apoderar do Estado existente, mas destruí-lo e criar um outro. O segundo argumento é que o Estado, como tal, qualquer que seja seu conteúdo social, é uma forma fetichizada. Aqui, trata--se do argumento anarquista clássico, que Marx, em certa medida, compartilhava, principalmente em seus escritos sobre a Comuna de Paris: encontra-se lá a intuição de uma forma não estatista de poder político. Essa forma, que ele chama de "constituição comunal", só pode emergir pela "destruição do poder do Estado", essa "excrescência parasitária" que "se alimenta da sociedade e obstrui seu livre movimento".[9]

---

9 Marx, *La Guerre civile en France en 1871*, p.61-2.

O terceiro argumento, o mais importante, o que atravessa todo o livro, é novo: diz respeito à distinção entre o *poder-fazer*, a capacidade de fazer coisas, e o *poder-sobre*, que é o poder de comandar outros para que façam o que se deseja. As revoluções, segundo Holloway, devem promover o primeiro e suprimir o segundo. Nós não estamos convencidos dessa distinção: em nossa opinião, não pode existir nenhuma forma de vida coletiva, nem de ação social de seres humanos sem alguma forma qualquer de *poder-sobre*.

Essas objeções à tese central de Holloway têm a ver com a ideia de *democracia*, um conceito que está praticamente ausente do livro, ou então tratado *en passant*, de maneira quase desdenhosa, como um processo estatista de influência eleitoral sobre as tomadas de decisão. Nós pensamos, pelo contrário, que a democracia deveria ser um aspecto central de qualquer processo de tomada de decisão social ou política e especialmente de um processo revolucionário – tese brilhantemente argumentada por Rosa Luxemburgo em sua crítica (fraterna) dos bolcheviques em 1918.[10] Democracia significa que a maioria tem um poder sobre a minoria. Não um poder absoluto – tem seus limites e deve respeitar a dignidade do outro. Mas, ainda assim, tem um *poder-sobre*. Isso se aplica a todos os tipos de comunidades humanas, inclusive às aldeias zapatistas que servem de referência a Holloway.

Por exemplo: em 1994, após algumas semanas de combate, os zapatistas decidiram não atirar mais e negociaram uma trégua. As aldeias zapatistas discutiram para tomar essa decisão e uma maioria – ou talvez houvesse consenso – declarou que a luta

---

10 Ver p.73.

armada deveria ser interrompida. A minoria – não sabemos se, de fato, existiu – deve aceitar essa decisão ou então romper com o movimento zapatista. A maioria tem um poder sobre a minoria. Em seguida, as aldeias deram aos comandantes do EZLN a ordem de cessar-fogo: exerciam um poder sobre esses chefes militares. E finalmente os próprios comandantes, obedecendo às ordens dos aldeões, instruíram os combatentes a cessar-fogo – tinham um poder sobre eles. Nós não pretendemos que isso seja uma descrição exata do que se passou, mas é um exemplo destinado a mostrar que a democracia põe em ação formas de *poder-sobre*.

A principal objeção que fazemos à concepção de poder desenvolvida por Holloway é seu caráter extremamente *abstrato*. Ele menciona a importância da memória que deve ser posta em jogo para resistir, mas há muito pouca memória, muito pouca história em seus argumentos, da mesma forma que discute muito pouco os méritos ou os limites dos movimentos revolucionários históricos reais, sejam marxistas, anarquistas ou zapatistas. Em uma das raras passagens em que menciona alguns exemplos históricos positivos de autodeterminação, refere-se à "Comuna de Paris analisada por Marx, [aos] conselhos operários teorizados por Pannekoek e [aos] conselhos comunais dos zapatistas". Entretanto, pode-se facilmente mostrar que, em cada um desses casos, houve formas de poder democrático que exigiram uma certa forma de *poder-sobre*. Já discutimos a prática dos conselhos comunais zapatistas.[11] O que dizer então de suas proposições para o México?

---

11 Ver p.92.

O livro de Holloway é, em certa medida, um brilhante comentário do princípio de ação revolucionária dos zapatistas: "Nós não queremos tomar o poder!". Essa declaração deve, no entanto, estar associada a uma outra palavra de ordem do EZLN: "Tudo para todos, nada para nós!". Se colocássemos essas duas afirmações em relação ao combate pela democracia no México, que tem uma alta posição nas proclamações zapatistas, encontraríamos o argumento seguinte: "Nós, o Exército Zapatista, não queremos tomar o poder em nossas mãos, queremos o poder de todo o povo, quer dizer, uma verdadeira democracia".

A Comuna de Paris havia produzido uma nova forma de poder que não era mais um Estado, no sentido habitual, entretanto era um poder, democraticamente eleito pelo povo de Paris – em uma conjugação de democracia direta e representativa –, e tinha um poder sobre a população por seus decretos e suas decisões. A Comuna tinha poder sobre a Guarda Nacional, e os comandantes da Guarda tinham poder sobre seus soldados. E esse poder, o poder democrático da Comuna de Paris, foi literalmente "tomado", antes de tudo pelo ato de tomar posse dos instrumentos materiais do poder: os canhões da Guarda Nacional.

Enfim, no que concerne ao comunista conselhista Anton Pannekoek – crítico rigoroso de Lenin –, ele queria "todo o poder aos conselhos operários" e concebia os conselhos como meios para que os operários "tomassem o poder e estabelecessem sua dominação sobre a sociedade" (citamos um ensaio de Pannekoek, de 1938).

O que falta na argumentação de Holloway é o conceito de práxis revolucionária – formulado pela primeira vez nas *Teses sobre Feuerbach*, por Marx. Esse conceito, parece-nos, é a verdadeira resposta ao que chama "a tragédia do fetichismo" e seus dilemas: como pessoas tão profundamente mergulhadas no fetichismo podem se liberar do sistema? A resposta de Marx era que, por sua própria práxis democrática emancipadora, os indivíduos mudam *ao mesmo tempo* a sociedade e sua própria consciência. É somente por sua experiência prática da luta que os povos podem se liberar do fetichismo e "tomar o poder". Eis porque a única emancipação verdadeira é a autoe-mancipação e não uma liberação "pelo alto". Toda ação autoemancipadora, individual ou coletiva, por modesta que seja, pode ser o primeiro passo para a transformação revolucionária.

## Autonomia e federalismo

### O poder na dimensão humana

O comunismo, inicialmente, quer confiar o máximo de poderes à base e favorecer a iniciativa local. É a própria essência do projeto democrático que ele fundamenta: devemos poder decidir o que diz respeito a nossas vidas cotidianas, porque se trata de *nossas vidas cotidianas*. Somos os primeiros interes-sados e, no entanto, o sistema, ao descartar as deci-sões tomadas sobre nosso cotidiano a partir de nosso campo de visão, tira-nos nosso destino para colocá--lo nas mãos de políticos profissionais e de nego-ciantes. Não apenas somos os mais implicados por essas escolhas, mas objetivamente somos os mais qualificados para realizá-las. Competências não são questão de títulos nem de prerrogativas, muito pelo contrário. Seja em comunas ou em empresas, somos também os que melhor estão localizados para saber o que fazer, para quem e com quem. Nos bairros, os habitantes são os mais habilitados para estimar os recursos a alocar à habitação, às escolas, aos transportes públicos e à vida social. Nos escritórios, oficinas e serviços, os trabalhadores sabem melhor do que ninguém como organizar a fabricação racional de bens e a realização coerente das prestações. Melhor, em todo caso, do que muitos chefes que as decidem e que as organizam. Não se trata de incorrer em demagogia: algumas tarefas de coordenação necessitam de atividades específicas que não podem ser efetuadas pela deliberação permanente de assembleias. Decidir em comum, a todo momento, é impraticável. Mas a implicação regular e efetiva de cada um pode ser favorecida, contabilizando, por exemplo, as reuniões em assembleia como tempo de trabalho. Além do mais, as tarefas de animação podem não ser individualizadas ao extremo e submetidas à rotação bem como ao sufrágio, sem fazerem função de favoritismo material particular. Seja como for, conforme o velho adágio popular, "hierarquia é como prateleiras, quanto mais altas, menos servem", a "desierarquização" da política pode se efetuar nas empresas como nas comunas por meio de um funcionamento autogestionário. Ele submete as escolhas coletivas ao controle e à deliberação democrática de todos, sem continuar a deixar ao patrão ou ao dirigente a possibilidade de decidir à nossa revelia. Recolocar a política em dimensão humana, local e cotidianamente, é o único meio de dar o poder à base, de partilhá-lo entre todos e de colocá-lo ao alcance de quem quer que seja.

No início do século XX, inúmeros revolucionários, principalmente anarquistas, idealizaram tal e tal forma particular de poder local: alguns imaginavam a nova sociedade como uma federação de comunas, outros como uma federação de bolsas de trabalho. Na realidade, é necessário decidir em assembleias locais, tanto nos locais de trabalho, quanto nos locais de habitação. Os dois são necessários, pois a democracia direta, autenticamente participativa, é indispensável para estimar as necessidades da sociedade civil, tanto quanto é para a organização da produção, uma vez decidida, segundo as demandas devidamente exprimidas pela população. É o único meio de acabar com a esquizofrenia capitalista, que nos cinde em duas categorias opostas, assalariados/consumidores e, portanto, recuperar uma individualidade lógica e unificada de produtor-cidadão. O comunismo, o socialismo, a autogestão libertária, qualquer que seja a fórmula que lhe dermos, retornam fundamentalmente a uma noção: a comunidade dos "produtores livremente associados", que Karl Marx evocava.

## Federalismo, coordenação consciente

Autonomia generalizada é uma coisa, mas nem por isso tudo pode ser decidido localmente. Relações internacionais, grandes escolhas de produção, política industrial, serviços públicos, transportes, infraestrutura pesada, opções energéticas, luta contra o aquecimento climático, esgotamento de recursos naturais... Muitos assuntos não toleram a autarquia. É questão de permitir a cada um, em qualquer lugar onde se encontre, de prover seu bem-estar e não deixar, em nome da autonomia ou dos necessários circuitos econômicos ou agrícolas curtos, perdurar uma divisão entre regiões que vivem na abundância e as que sobrevivem na penúria. Além do mais, é necessária a adequação da produção autogerida e das comunas autogeridas. Enfim, a gestão local das empresas pelos próprios trabalhadores não quer dizer, por exemplo, a manutenção da concorrência econômica entre as unidades de produção, segundo as regras do mercado. O financiamento das empresas deve ser assegurado por um serviço público unificado de crédito que distribua os fundos a uns e a outros em função de demandas harmonizadas pelas escolhas coletivas da planificação democrática. A autogestão implica mudanças de escala permanentes, por meio de uma estreita relação entre o local e o global. Não há contradição, *a priori*, entre favorecer por um lado a máxima autonomia na organização democrática e, por um outro, construir um destino comum entre todos os povos. A centralização e a coordenação de todas essas atividades são incontornáveis, da região ao(s) continente(s). A questão é garantir que essa cooperação seja controlada pela base. Isso significa que só é preciso delegar a uma escala superior as decisões que não podem ser tomadas de forma objetiva localmente. Nas empresas, a unificação pode se efetuar em congressos regulares conforme os ramos profissionais, em seguida interprofissionais, quer se trate da produção de bens ou de serviços. Na sociedade, as unidades territoriais poderiam igualmente se coordenar em congressos regulares. Para definir as grandes orientações ou estabelecer a produção global, em função de solicitações locais, um congresso permanente que reagrupasse os delegados das comunas e das empresas teria de debater e decidir tudo o que não pudesse ser decidido localmente. Em caso de litígio, seriam organizadas consultas aos conselhos de base. Em caso de desacordo, poderiam também ocorrer referendos populares. Os delegados seriam revogáveis pela instância que os elegeu. Um percentual do corpo eleitoral teria igualmente a possibilidade de suscitar uma nova eleição, se estimar que o mandato não é respeitado. Assembleias, debates e deliberações teriam por objetivo fazer avançar eventuais pontos de bloqueio e, dessa maneira, fazer evoluir as posições dos delegados. Em última instância, o delegado prestaria contas a seus mandatários e poderia ser destituído, se a evolução de sua posição não for partilhada por sua assembleia.

Para estimular a capacidade criativa do processo, a discussão democrática é vital. Todos os pontos de vista sobre o caminho que deve seguir essa transição têm de se exprimir livremente e reagruparem-se em partidos. Da ideia do federalismo desenvolvida pelos anarquistas, podemos conservar a ideia-força do poder na base e da solidariedade entre as coletividades, livremente consentida. Os marxistas, por sua vez, insistiram sobre o fato de que essa coordenação será necessariamente deturpada se a sociedade civil deixar que se realize "espontaneamente", segundo as regras da oferta e da procura capitalistas. Então, qual a diferença fundamental entre a ideia de "coordenação consciente" – oposta à "coordenação espontânea" do mercado –, desenvolvida pelo marxista Ernest Mandel (1925-1995), economista belga, dirigente trotskista da IV Internacional, e a de "democracia autogestionária", imaginada por Daniel Guérin? Cada um à sua maneira procura sugerir pistas para construir uma grande associação livre e interdependente. Sem modelos estabelecidos, nem ferramentas prontas, mas apenas com a vontade de ver emergir uma democracia real, que funcione de baixo para cima, e que se libere tanto do despotismo administrativo e burocrático quanto da ditadura do capital.

## Planificação democrática e autogestão

A autogestão é uma proposição comum dos libertários e dos marxistas (não stalinistas). Ernest Mandel, principal teórico da IV Internacional, insistia no prefácio de sua antologia intitulada *Contrôle ouvrier, conseils ouvriers, autogestion* [Controle trabalhador, conselho trabalhador, autogestão] (1970) sobre "o caráter universal da tendência dos trabalhadores a apropriar-se das empresas e a organizar a economia e a sociedade com base nos princípios que correspondem a suas necessidades de autodeterminação".[12]

Os revolucionários marxistas têm a maior admiração pela extraordinária experiência das coletivizações agrárias e industriais promovidas pela CNT-FAI durante a Revolução Espanhola (1936-1937): ela associa a autogestão das fazendas e das usinas a uma organização federativa regional e nacional. A partir

---

12 Mandel, *Contrôle ouvrier, conseils ouvriers, autogestion. Anthologie*, p.6. A principal fraqueza do texto da antologia é a ausência de textos... anarquistas. Em seu prefácio, Mandel polemiza com os anarquistas com um argumento bem discutível: "A tendência fundamental da técnica é a centralização" (p.32). É cada vez menos o caso, mas de qualquer modo a técnica não é independente das mudanças sociais e políticas.

Afinidades revolucionárias

daí, marxistas e libertários estiveram juntos, lado a lado, a apoiar toda tentativa dos operários para tomarem as fábricas e fazê-las caminhar por conta deles: foi a experiência dos relógios LIP nos anos 1970, como também, em escala maior, de operários argentinos após 2001 e a crise, como testemunha o filme de Naomie Klein, *A tomada*. Marxistas e libertários também partilham a rejeição da versão edulcorada da autogestão, reformista e compatível com o capital, exaltada, na França, pela assim chamada Segunda Esquerda, de Michel Rocard e da CFDT, a partir do fim dos anos 1970 e nos anos 1980.

Em uma brochura recentemente publicada pela Federação Anarquista, dois libertários latino-americanos propõem uma definição de autogestão que nos parece interessante: "Para o anarquismo, a autogestão é um projeto que tem por método e por objetivo que a empresa e a economia sejam dirigidas pelos que estão diretamente ligados à produção, à distribuição e à utilização dos bens e dos serviços". Os dois autores reconhecem assim que a autogestão não se limita a cada usina ou a cada escola, que se estende a toda a sociedade, mas que não se pode fazer economia de certas formas de delegação, "durante momentos limitados, revocáveis a qualquer momento".[13] Esse conceito não é tão diferente do que escreveu Ernest Mandel: "A autogestão não tem como efeito a supressão da delegação, mas é uma combinação entre a tomada de decisões pelos cidadãos e um controle mais estrito dos delegados por seus respectivos eleitores".[14]

---

13 Mendez; Vallota, Une perspective anarchiste, p.27.
14 Mandel, *Power and Money*, p.204.

Onde se encontram os desacordos? Os anarquistas rejeitam, em nome da autogestão, o conceito marxista de *planificação*, geralmente assimilado à desastrosa experiência soviética. Mas o que é a planificação democrática, senão a autogestão estendida ao conjunto da sociedade? O fracasso da URSS ilustra as absurdidades de uma planificação burocrática, cuja ineficiência e cujo caráter arbitrário são flagrantes; mas não podem servir de argumento contra a aplicação de uma planificação realmente democrática. A concepção socialista de planificação nada mais é do que a democratização radical da economia: se é correto que as decisões políticas não devem caber a uma pequena elite de dirigentes, por que não aplicar o mesmo princípio às decisões de ordem econômica? O conjunto da sociedade será livre para escolher democraticamente as linhas produtivas a privilegiar e o nível de recursos que devem ser investidos na educação, na saúde ou na cultura. Os próprios preços dos bens não responderiam mais às leis da oferta e da procura, mas seriam determinados tanto quanto possível por critérios sociais, políticos e ecológicos.

A planificação socialista democrática não está em contradição com a autogestão dos trabalhadores nas unidades de produção. Embora a decisão de transformar, por exemplo, uma fábrica de automóveis em uma unidade de produção de ônibus ou de bondes diga respeito ao conjunto da sociedade, a organização e o funcionamento internos da fábrica seriam geridos democraticamente pelos próprios trabalhadores. Debateu-se longamente o caráter "centralizado" ou "descentralizado" da planificação, mas o importante permanece o controle do plano em todos os níveis, local, regional, nacional, continental – e, esperemos, planetário, visto que os temas da ecologia, como o aquecimento climático são mundiais e só podem ser tratados nesse nível. Essa proposição que poderia ser chamada "sociedade democraticamente autogerida" ou "planificação democrática global" não corresponde certamente ao que é, com frequência, descrito como "planificação central", pois as decisões econômicas e sociais não são tomadas por um "centro" qualquer, mas determinadas democraticamente pelas populações envolvidas.

Haveria, evidentemente, tensões e contradições entre os estabelecimentos autogeridos ou as administrações democráticas locais e outros grupos sociais mais amplos. Mecanismos de negociação podem ajudar a resolver numerosos conflitos desse tipo, mas, em última análise, caberá aos grupos mais amplos envolvidos exercer seu direito democrático de decisão. Para dar um exemplo: a decisão de fechar uma central nuclear não pode ser tomada somente pelos trabalhadores dessa instalação. É uma questão que envolve o conjunto da sociedade. Entretanto, o desmantelamento da central será organizado – uma operação de vários anos, senão décadas – de maneira autogerida, pelos próprios trabalhadores. Questões como a gratuidade do transporte público, a subvenção da energia solar, a proibição dos pesticidas e dos OGM interessam o conjunto da sociedade, e não apenas um grupo limitado de "produtores diretos".

Uma concepção de autogestão que se tornou popular em inúmeros meios libertários é a "economia participativa" (ou *parecon*), tal como a concebeu Michael Albert. Essa proposta, que reconhece a necessidade de uma planificação, tem algumas características em comum com a planificação democrática socialista que propomos: a oposição ao mercado capitalista e à planificação burocrática, a confiança dada à auto-organização dos trabalhadores e ao antiautoritarismo. O modelo de planificação participativa de Albert é baseado em uma construção institucional complexa:

> Os trabalhadores e os consumidores determinam em comum a produção, avaliando de maneira aprofundada todas as consequências. As instâncias de assistência que tomam decisões anunciam em seguida os índices de preço para todos os produtos, os fatores de produção, entre os quais a mão de obra e o capital fixo. [...] Os consumidores (indivíduos, conselhos, federação de conselhos) respondem com propostas, utilizando esses preços como uma avaliação realista do conjunto de recursos, de material, de mão de obra, de efeitos indesejáveis (tal como a poluição) e das vantagens sociais inerentes a cada bem ou serviço.

Paralelamente, os trabalhadores individuais, seus conselhos e federações fazem, também eles, propostas de produção, com todos os cálculos inerentes de custos e de preços, maneira de estimar o valor social da produção.

> Com base nas propostas tornadas públicas pelos trabalhadores e pelos consumidores, os conselhos decisionais podem calcular os excessos de oferta ou de demanda para cada produto e revisar o índice de preços, segundo um método que faz objeto de um acordo social. [...] Na medida em que nenhum ator tem influência maior do que outro no processo de planificação, e cada um avalia os custos e os benefícios sociais

com um peso que corresponde a seu grau de implicação na produção e no consumo, esse processo gera simultaneamente equidade, eficácia e autogestão.[15]

O principal problema dessa concepção é que parece reduzir a "planificação" a uma espécie de negociação entre produtores e consumidores sobre preços, recursos, produtos acabados, oferta e demanda. Não há lugar, nesse modelo, para uma problemática ecológica socialista. Uma perspectiva ecológica pós-capitalista significa a supressão total de alguns setores industriais – por exemplo, as centrais nucleares – e investimento pesado em setores quase inexistentes (como a energia solar); como tudo isso poderia ser gerado por "negociações cooperativas" entre unidades de produção existentes e os conselhos de consumidores, a respeito de "recursos" e de "preços indicativos"?

O modelo de Albert dirige-se às estruturas tecnológicas e produtivas atuais e é muito "economista" para levar em conta os interesses sociopolíticos e socioecológicos da população – os interesses dos indivíduos como seres humanos e cidadãos que, por viverem em um meio ambiente natural ameaçado, não podem se reduzir simplesmente a seus interesses econômicos como produtores e consumidores. Em sua concepção, não somente o Estado, como instituição, é deixado de lado – o que seria uma escolha respeitável –, mas também a *política* como confrontação de diferentes escolhas, sejam de ordem econômica, social, política, ecológica, cultural

---

15 Albert, *Aprè le capitalisme. Éléments d'économie participative*, p.121-2.

ou civilizacional, em nível local, nacional e internacional. Sem essa dimensão política, radicalmente democrática, a autogestão seria impossível.

## Democracia direta e democracia representativa

A oposição entre democracia representativa e democracia direta é um dos temas que dividiram, desde o século XIX, anarquistas e marxistas. Sem subestimar esses desacordos bem reais, podem ser observadas algumas convergências significativas. Por exemplo, ambos são favoráveis às formas de democracia direta nas lutas sociais: assembleias gerais, piquetes de greve auto-organizados etc. Os marxistas reconhecem que muitas críticas feitas à democracia representativa, de Rousseau a Castoriadis, passando por Proudhon e Bakunin, são perfeitamente justificadas.

O cidadão só é livre no dia em que elege seu representante. Nos quatro ou cinco anos seguintes, está sem poder; os políticos profissionais formam uma casta privilegiada, uma oligarquia política (Bakunin), a serviço das classes dominantes e não do povo que o elegeu; os parlamentos são alheios aos interesses da população, e seus debates – o circo parlamentar – dispensam qualquer controle ou participação das classes dominadas. Seria possível acrescentar que os mecanismos eleitorais são viciados pelo dinheiro, pela mídia (nas mãos das potências de dinheiro), pela exclusão das mulheres (ontem) e dos imigrantes (atualmente) etc.

Os revolucionários marxistas estão de acordo com os libertários de que não é com essas instituições

Afinidades revolucionárias

que se pode transformar a sociedade. Deve-se, nessas condições, participar do jogo eleitoral, apresentar candidatos, votar e ser eleito? Para os marxistas, sim, na medida em que as campanhas eleitorais – com limites evidentes – são uma ocasião rara de apresentar suas análises e suas propostas à massa da população. Por outro lado, os eleitos – conselheiros locais, deputados – podem utilizar o Parlamento (ou conselhos municipais) como tribuna para denunciar o sistema e propor alternativas radicais. Enfim, em certos casos, é preciso votar em candidatos da esquerda reformista, quando for o único meio de barrar o caminho da direita mais reacionária. Obviamente, nenhuma dessas práticas é aceitável pelos libertários, que recusam qualquer forma de participação nas instituições de Estado. Pode-se considerar que esse abstencionismo de princípio não é realista: aliás, em certas condições, é bem verdade que excepcionais, como na Espanha em 1936, os libertários decidiram, apesar de tudo, participar das eleições, votando na Frente Popular.

Essa questão – a participação eleitoral – talvez seja uma divergência tática, mas tem papel importante nas práticas das duas correntes e contribui para separá-las na ação política cotidiana. Nosso ponto de vista nesse debate é mais próximo da tradição marxista, mas reconhecemos que as organizações marxistas mais radicais não estão imunizadas contra os perigos de eleitoralismo e do parlamentarismo denunciados pelos anarquistas.

Para retornar às críticas mencionadas acima: dizem respeito às formas "realmente existentes" da democracia representativa, quer dizer, às instituições parlamentares da burguesia, ou ao *próprio princípio* da representação política? Nem sempre a distinção é clara nos clássicos do pensamento anarquista (Proudhon, Bakunin, Kropotkin). Por exemplo, segundo Bakunin: "O objetivo final da democracia representativa liberal é a preservação da exploração"[16] – trata-se da democracia liberal burguesa?

De fato, as experiências revolucionárias que reivindicam tanto marxistas quanto libertários – a Comuna de Paris, os conselhos operários de 1917-1919, a Revolução Espanhola de 1936 – *combinaram* formas diretas e formas representativas de democracia. A Comuna de 1871 era uma assembleia de delegados eleitos (e revocáveis) pelo sufrágio universal nos bairros de Paris; os sovietes eram conselhos de delegados eleitos em assembleias (de fábrica, de soldados, de aldeias etc.); e na Barcelona insurgente de 1936, o poder revolucionário, em um primeiro período, estava nas mãos dos comitês de delegados eleitos pelas milícias antifascistas (hegemonizadas pela CNT-FAI). No movimento zapatista de Chiapas, uma das principais fontes de inspiração para os libertários do século XXI, encontram-se também formas de delegação: eleições dos comandantes – e subcomandantes! – do EZLN e das autoridades locais das comunidades zapatistas, frequentemente em assembleias locais.

Em nossa opinião, o mesmo raciocínio aplica-se às perspectivas de uma sociedade emancipada, para além do capitalismo e de seu Estado. Quais seriam suas instituições políticas? Existe uma tendência, tanto na tradição marxista quanto na libertária, de pensar que uma sociedade livre não precisa de política. Saint-Simon proclamava que "o governo

---

16 Bakunin, *Dieu et État*.

das pessoas será substituído pela administração das coisas" (expressão retomada como sua por Engels!) e Proudhon pretendia que a política cederia lugar à economia. Não compartilhamos essa ideia economicista, entendemos que as sociedades socialistas (ou comunistas) sempre terão necessidade de *política*, no sentido nobre de gestão coletiva da cidade, da organização democrática da vida em comum. Divergências, conflitos são realmente inevitáveis: nada seria mais sinistro do que uma sociedade inteiramente consensual e unânime, onde só existisse uma única opinião! Aliás, é impossível, a menos que se imponha um poder totalitário. Então, é preciso encontrar meios para permitir o debate e a tomada de decisão democrática.

Sem querer prejulgar as formas que tomaria essa política do futuro, parece-nos que ela não pode se limitar à democracia direta das assembleias: válida em uma fábrica, em uma escola ou em um bairro, ela é irrealizável em uma grande cidade, em uma região, em um país e menos ainda em um continente. Algumas formas de delegação, de representação política são inevitáveis. Os libertários parecem reconhecer isso ao proporem medidas que limitem a perversão da representação: revogação de mandatos, referendos de iniciativa popular, sorteio de eleitos etc. Essas propostas nos parecem interessantes, bem como as experiências – com todos seus limites – de democracia participativa (como em Porto Alegre). A única regra geral que se pode propor é a combinação necessária da democracia direta e da democracia representativa, já que nenhuma das duas isoladamente poderia responder às necessidades de participação popular efetiva. As revoluções do futuro inventarão, sem dúvida, formas políticas novas. Perfeitamente imprevisíveis, que não serão a repetição de experiências do passado.

## Sindicato e partido

Na esquerda social e política, os sindicatos e os partidos têm em comum o fato de serem agrupamentos coletivos de indivíduos que entendem se dirigir aos trabalhadores. São as duas faces principais do movimento operário. A definição corrente confere ao partido uma perspectiva eleitoral, com a vontade de influir sobre o curso da política governamental, e ao sindicato o quadro estrito da defesa dos interesses dos assalariados na empresa. A institucionalização política e sindical que se produziu ao longo do século passado infelizmente deu a essa definição um resumo muito bom da situação real: uma estrita linha divisória. Felizmente as coisas permanecem mais abertas. A relação partido/sindicato, é bem verdade, não se coloca da mesma maneira conforme o país. Assim, no Reino Unido, no Brasil ou em Kanaky, por exemplo, as organizações são histórica e organicamente ligadas, sem que isso desencadeie um debate. Na França, pelo contrário, a relação é sinuosa e delicada. Essa relação complexa não impede experiências interessantes. Assim, a renovação do movimento social, durante o ano de 1995, marcada por grandes mobilizações sociais, fez surgir um novo tipo de sindicalismo e de luta de classe, independente de partidos políticos, afirmando, no entanto, escolhas políticas radicais. Esse foi o caso principalmente dos sindicatos Sud-Solidaires.

## Afinidades revolucionárias

Sindicatos são reflexos de classes vitais e locais de resistência necessários, por pouco que sejam combativos, radicais e unitários. Por outro lado, são espaços onde se discutem legitimamente as escolhas da sociedade, além das múltiplas sensibilidades políticas que existem em seu seio. Os partidos políticos que se alinham à mudança radical procuram dar às lutas cotidianas uma constância, uma consciência e uma memória que resistam às flutuações sociais e políticas. Essa perspectiva política, originária do próprio movimento, propõe-se a dar a ele uma visão global e um sentido, a fim de que a mobilização tenha realmente êxito. Dito de outra maneira, a fim de que as revoluções não sejam incessantemente despossuídas pelos regimes no poder e para que se armem de uma estratégia capaz de permitir que os explorados retirem o poder das mãos de seus exploradores. Infelizmente, a história real do movimento operário, desse ponto de vista, é uma longa série de encontros malogrados: as revoluções do século XIX talvez tenham padecido da ausência de partido revolucionário nos momentos decisivos de confrontação de classe – é o caso principalmente da Comuna em 1871 –; as do século XX infelizmente padeceram muitas vezes de sua onipresença, com partidos que, ao se burocratizarem, substituíram a Revolução – a Revolução Russa de 1917 é um exemplo.

O que quer que pensemos, o paradoxo permanece por completo: ainda que as revoluções possam dispensar as organizações para se iniciarem, precisam, por outro lado, de uma perspectiva organizacional independente para atingir seus fins. Portanto, resta a definir uma síntese do social e do político.

A partir da Primeira Guerra Mundial, a burocracia deita a mão no mundo sindical. Chega o tempo dos sindicatos "correia de transmissão dos partidos", bem como o dos sindicatos "apolíticos", que não se imiscuem de forma alguma na ação antigovernamental. De fato, são as duas faces da mesma medalha burocrática. Esse sindicalismo tem uma pesada responsabilidade nas derrotas operárias passadas.

Imaginar o sindicalismo como uma alternativa em si às derivas burocráticas é, portanto, desde o início, uma ilusão – seja para a França operária de 1900 ou para a Rússia revolucionária de 1920. Alexandra Kollontai e a oposição operária no seio do Partido Bolchevique, em 1921, por ocasião do X Congresso do Partido, acreditaram que o sindicalismo seria uma barreira à burocratização da sociedade soviética. Trata-se de uma resposta à concepção instrumentalista da militarização dos sindicatos defendida por Trotski, é certo. Mas, ainda assim, foi uma miragem, a evolução da CGT na França já o provava. Além disso, conceber o sindicalismo como a federação embrionária que poderia organizar a produção de amanhã coloca uma dificuldade suplementar: a história ensina como um Estado totalitário pode instrumentalizar os sindicatos e sufocar a vida democrática no mundo do trabalho sob pretexto de dar ao sindicato o poder legal da gestão das empresas. Além disso, o pluralismo impôs-se como uma realidade incontornável. O que é verdade nesse terreno para o sindicato, também é para o partido.

O tempo dos discursos sobre "partido é classe", veiculados pelo stalinismo, felizmente ficou para trás. Lembremo-nos da bela frase de Rosa Luxemburgo, em *A Revolução Russa*, publicada em 1918: "Liberdade é sempre a liberdade de quem pensa de modo diferente".

Enfim, a fetichização das formas organizacionais, quaisquer que sejam elas, é sempre um perigo. Nenhuma organização sindical ou política poderia pretender o monopólio do movimento. Ora, esse fetichismo frequentemente cria raízes naquele outro, que diz respeito aos meios de ação. Assim, no início do século XX, o debate truncado sobre a greve geral que dividiu substancialmente o movimento operário prova a que ponto duas concepções, na aparência diametralmente opostas, podem produzir o mesmo resultado, infelizmente para o pior. Com efeito, o socialismo parlamentar, partidário da mudança gradual, opôs-se fortemente à generalização da greve, por julgá-la excessivamente impetuosa e bem menos atraente do que os encantos inebriantes que lhe oferecia o Estado. Quanto à CGT, no viés sindicato, apesar de seus discursos sobre a greve geral, também ela iria, sob a direção de Léon Jouhaux, agregar-se à Sagrada União, no verão de 1914, à semelhança de inúmeros socialistas.

Portanto, a greve geral também invoca uma mediação entre social e político. No debate da social-democracia alemã, no início do século XX, Rosa Luxemburgo sugere uma resposta que se opõe a Kautsky e à direção reformista do partido. Ela tira as lições da primeira Revolução Russa, em 1905, e de sua experiência espontânea dos sovietes. Ainda que fortemente marcada pelo contexto da vida política alemã, na qual a relação "unitária" partido/sindicato se constrói à custa do sindicato, a concepção de Rosa da "greve política de massa", exposta em seu livro *Greve de massas, partido e sindicato*, merece nossa atenção. Segundo ela, a greve geral não se decreta. É o fruto da emancipação espontânea das massas que se erguem contra a injustiça. Além disso, ela concebe esse movimento como uma experiência coletiva de autoeducação política na qual se coloca, em escala de massa, a questão central da mudança, quer dizer, a tomada de poder. O debate desloca-se: a greve geral não é nem um fetiche, nem um contraponto. É questão de estar, desde o começo, disponível e favorável, de preparar-se a fim de fecundar o movimento de massa com uma orientação política que, no momento determinante da confrontação social, permita que ele vença as forças contrarrevolucionárias.

Não existe solução organizacional rígida ao projeto de emancipação. Cada episódio histórico deixa seu quinhão de aprendizados. Assim, atraído pelo elã da Revolução Russa de 1917, o proletariado entregou-se, por sua vez, e em vários países, à experiência dos conselhos operários. Na Alemanha de início, em 1918, no norte da Itália em seguida, em 1919, e ainda na Hungria, em 1920. Na Itália, a mobilização operária turinesa em 1919 e 1920, por exemplo, permitiu que milhares de trabalhadores controlassem sua produção. Em um primeiro tempo, as greves sindicais procuraram dar às "comissões internas" um poder decisional na fábrica. O *lock-out* patronal que se seguiu – fechamento da empresa – deixou os trabalhadores confrontados de fato a sua própria sorte. Ao longo dessa experiência autogestionária, anarquistas e marxistas italianos estiveram lado a lado por meio da animação da revista *Ondine Nuovo*, na qual participaram, entre outros, o socialista revolucionário Antonio Gramsci. Essa colaboração durou até a criação do Partido Comunista Italiano (PCI) em 1921.

A experiência dos conselhos é uma forma de auto-organização incontestável que, sem constituir um modelo exportável a cada contexto e a cada época, conserva todo seu sentido e frequentemente recomeça na história das lutas operárias. Por outro lado, o "conselhismo" teoriza o funcionamento dos conselhos como meio e fim em si mesmo. Esse conceito foi especialmente desenvolvido pelo revolucionário holandês Anton Pannekoek (1873-1960), em seu livro *Os conselhos operários*.[17] Sua reflexão inscreve-se em uma perspectiva de autoemancipação e na tradição do socialismo antiautoritário. Tem o mérito de optar pela socialização dos meios de produção sob controle dos próprios produtores, em vez de optar por sua estatização pelo alto. Entretanto, ao excluir o papel dos partidos como dos sindicatos, seu pensamento político, em sua coerência, desliza rumo a desvios sectários: os conselhos separam-se da ação imediata das massas, ocultando as mediações políticas intermediárias. Elas são, no entanto, necessárias para impor uma relação de força favorável à classe assalariada e fazê-la tomar consciência de sua própria força. Essa conquista da confiança em si é o prelúdio da auto-organização. Assim, essa teoria não escapa aos impasses dos que procuram, a qualquer preço, uma solução organizacional estável, bem-sucedida e permanente para a emancipação das massas.

Cada época transmite sua quantidade de experiências, com seus êxitos e seus fracassos. Por meio delas, o passado oferece uma bússola para a ação: a auto-organização. A auto-organização é a estruturação da mobilização das próprias massas. Consiste

---

17 Panneloek, *Les Conseils ouvries*. [Tradução em português disponível em: <https://www.marxists.org/portugues/pannekoe/1936/mes/conselhos.htm>. – N. T.]

em organizar as lutas de maneira unitária, no quadro de assembleias gerais, sistemáticas e soberanas, abertas a todos os trabalhadores que queiram se mobilizar. As organizações participam dessas assembleias, sem tentar, no entanto, se substituírem ao órgão natural da luta. As assembleias podem, em seu seio, eleger um comitê de delegados, revocáveis, para assegurar a animação das tarefas cotidianas. Também podem, quando o movimento ultrapassa o quadro local, eleger delegados, também eles revocáveis, que participarão de uma coordenação em que se encontrem delegados de diferentes assembleias para unificarem suas atividades. A auto-organização das lutas apresenta um duplo interesse. Impõe um quadro legítimo, unitário e comum às diferentes organizações, o que permite frequentemente se precaver contra o veneno da divisão que os dirigentes sabem distilar. Além disso, o poder de decisão pertence à base, o que arma a mobilização contra as tentativas de recuperação burocrática. Essa opção de organização democrática prefigura, já hoje, a maneira como a sociedade poderia funcionar amanhã. Ela também é a melhor chave de entrada para dar um sentido construtivo à relação partido-sindicato.

Soluções milagrosas não existem e, por detrás da fetichização das organizações (sindicatos, partidos...) ou das formas de luta (greve geral, bloqueio, "cretinismo da legalidade" ou "romantismo da ilegalidade" para retomar as expressões do marxista húngaro Georg Lukács), constroem-se atalhos políticos. A complexidade está posta. A relação conflitual das múltiplas formas organizacionais, além das fraturas ideológicas, remete à necessária relação dialética do movimento social e da alternativa política.

O sindicalismo radical, tanto quanto a construção de uma força política revolucionária, ambos adaptados aos novos desafios do século XXI, eis o que é preciso construir, em uma relação complementar.

## Ecossocialismo e ecologia libertária

Militantes marxistas e anarquistas encontraram-se frequentemente juntos, lado a lado, em combates ecológicos concretos: contra a energia nuclear, contra os transgênicos, contra o gás de xisto ou no movimento em prol da justiça climática. Entretanto, as duas correntes revolucionárias atrasaram-se muito na integração da ecologia como componente essencial de seus respectivos programas; foram consideráveis as resistências para superar a ideologia do progresso e o produtivismo/industrialismo "obreirista".

Razão suplementar para reconhecer o papel pioneiro do pensador anarquista norte-americano Murray Bookchin, que lançou os fundamentos de uma ecologia social libertária desde os anos 1960. Em um ensaio publicado em 1965, *Écologie et pensée révolutionnaire* [Ecologia e pensamento revolucionário], antecipava várias ideias fundamentais, avançadas em relação à sua época, com as quais só podemos estar de acordo. Adversário declarado do capitalismo, Bookchin observa que a natureza concorrencial da sociedade burguesa coloca não somente cada ser humano contra os outros, mas ainda o conjunto da humanidade contra o mundo natural. O resultado é a destruição do meio ambiente em escala global; mais concretamente, a utilização massiva de combustíveis fósseis produz acúmulo de $CO_2$ na atmosfera, com graves perturbações do clima, que podem levar à fusão das calotas glaciais polares e à submersão de vastas extensões de terra. Em outras palavras: há 45 anos, quando poucas pessoas se inquietavam com esses assuntos, Bookchin acionava o sinal de alarme, com surpreendente precisão sobre os perigos do aquecimento global.[18]

Alguns anos mais tarde, em um ensaio intitulado *Pour une societé écologique* [Por uma sociedade ecológica] (1974), ele volta à carga: a degradação do meio ambiente tem causas infinitamente mais profundas do que os erros ou os desígnios maldosos dos industriais e do Estado; a crise do meio ambiente mergulha suas raízes na própria estrutura da sociedade atual. Portanto, a verdadeira alternativa só pode ser a "reestruturação revolucionária da sociedade": pois, "persuadir uma planta a renunciar à fotossíntese é o mesmo que solicitar à economia burguesa que renuncie à acumulação de capital", acrescenta com ironia mordaz. Apesar de sua oposição às concepções políticas de Marx, Bookchin reconhece a pertinência de sua crítica da economia política:

> A acumulação não é determinada pela boa ou má vontade dos burgueses, mas pela própria relação mercantil que Marx tão judiciosamente designou como a célula de base da economia burguesa. Não é a perversidade do burguês que suscita a produção pela produção, mas o próprio complexo do mercado, ao qual preside e ao qual sucumbe.

---

18 Bookchin, *Pour une societé écologique*, p.145 e 148.

Afinidades revolucionárias

A dinâmica da acumulação leva inexoravelmente ao colapso da biosfera e ao desaparecimento das condições orgânicas da vida humana. Portanto, devemos criar uma sociedade ecológica, em ruptura com o capitalismo, não apenas porque ela é desejável, mas porque é tragicamente necessária.[19] Cada palavra dessa análise é justa e ainda mais atual hoje do que há 36 anos...

Por onde começar? Não temos nenhuma ilusão, ele observa, quanto à possibilidade de realizarmos, ainda que parcialmente, um tal modo de vida no seio de uma sociedade de morte. Não é conveniente esperar passivamente o milênio ecológico, mas fincar posição no terreno, criar obstáculos à construção de centrais nucleares, de autoestradas, de grandes projetos inúteis (como o aeroporto de Notre-Dame-des-Landes, acrescentaríamos) –, sempre conservando presente no espírito essa alternativa rigorosa entre ecotopia e desastre ecológico. Ao imaginarmos essa utopia ecológica, temos muito a aprender com as sociedades ditas primitivas, essas comunidades orgânicas, ainda presentes entre os indígenas dos Estados Unidos, que entretêm um sentimento de simbiose, de interdependência e de cooperação com a natureza.[20]

Até aqui, só podemos admirar a coerência e a clarividência de Murray Bookchin. Portanto, onde estão os desacordos? Antes de tudo, com seu surpreendente otimismo tecnológico: Bookchin parece acreditar que a tecnologia moderna – as máquinas automatizadas e os computadores – farão com que

---

19 Ibid., p.173, 184-187.
20 Ibid., p.177, 190, 202.

passemos "do reino da necessidade ao reino da liberdade", ao criarem a possibilidade de uma "abundância material e de uma supressão quase total do trabalho". Ele chega ao ponto de citar a "fábrica de motores automotivos Ford em Cleveland", onde, graças a máquinas automáticas, 300 operários são substituídos por um punhado de controladores... O que nos parece insustentável nessa atitude não é apenas a falta de distância crítica ante as tecnologias existentes, mas também, e sobretudo, a ilusão de "abundância" de uma economia – além da escassez – como se os recursos do planeta não fossem limitados.[21]

Como muitos libertários, Bookchin insiste na descentralização econômica e política, na democracia direta, na supressão das hierarquias burocráticas e políticas, na gestão da vida social pela assembleia popular da comunidade local – o que chama de "socialismo municipalista". Frequentemente cita como modelo a *polis* grega antiga, onde as decisões coletivas eram tomadas pela assembleia dos cidadãos, após um encontro e uma discussão face a face – em nossa opinião, uma visão passavelmente idealizada da *eclésia* ateniense, da qual estavam excluídos os escravos, os estrangeiros e as mulheres, quer dizer, a esmagadora maioria da população! Bookchin parece às vezes rejeitar menos o capitalismo do que o "gigantismo das empresas anônimas e dos equipamentos industriais", que devem ser substituídos por "pequenas unidades de produção", citando, não sem ingenuidade, E. Schumacher: *"Small is beautiful"*. E principalmente ele incentiva o culto do localismo, a

---

21 Ibid., p.96, 165-6, 230.

ponto de propor que se faça das comunidades locais entidades "politicamente independentes" e economicamente autárquicas ("bastando a si mesmas"): "a gestão total da vida social" deve permanecer nas mãos da assembleia popular da comunidade local.[22]

Ora, tanto partilhamos a preocupação da descentralização, da relocalização da produção e do consumo, e do poder das assembleias locais, ou por setores de atividade (fábricas, hospitais etc.), quanto nos parece impossível ignorar a gestão democrática de níveis mais amplos da vida econômica, social e política: regional, nacional, continental, internacional. A autarquia das pequenas unidades de vida não apenas é regressiva, mas impossível em um planeta com vários bilhões de habitantes. Murray Bookchin parece reconhecer isso a contragosto, ao escrever: "não pretendo que todas as atividades econômicas possam ser descentralizadas totalmente". E ele próprio cita o fato de que "a existência de um único metro de fio elétrico de boa qualidade exige uma mina de cobre [...], uma fábrica de isolante, uma fundição e uma trefilaria, uma rede de transporte etc. – e para cada uma dessas coisas, outras minas, outras fábricas, outras oficinas etc."[23] Ora, como organizar o processo de produção em todas essas empresas? Bookchin deixa-nos sem resposta. Pois, se as empresas forem "autárquicas", apenas no *mercado* poderiam intercambiar seus produtos. Pequeno problema: o mercado, a relação mercantil, como disse explicitamente Bookchin, citando Marx, é "a célula de base da economia burguesa".

---

22  Ibid., p.136, 166, 201.
23  Ibid., p.108, 136.

O ecossocialismo, que compartilha muitas ideias de Bookchin, vê em uma planificação ecológica e democrática em todos os níveis a única verdadeira alternativa à lógica mercantil do capital. Uma alternativa que não é contraditória, como vimos, com a autogestão local das usinas, dos bairros, das cidades. Murray Bookchin refere-se com espírito crítico à planificação socialista em um ensaio de 1965, *Vers une technologie libératrice* [Rumo a uma tecnologia libertadora]; seu argumento é o seguinte: a noção marxista de economia planificada é a expressão de um socialismo que, no tempo de Marx, ainda carrega a tara de uma relativa escassez de bens: de onde surge a necessidade de planejar e racionalizar a produção e a repartição de bens.[24] A isso respondemos simplesmente: 1) Os limites do planeta impedem sustentar a ilusão de um mundo "sem escassez"; 2) Se a produção e a repartição dos bens não forem democraticamente planificadas, isso quer dizer que seriam deixadas por conta do mercado...; 3) Uma reorganização ecológica radical da produção, com a supressão de ramos inteiros da indústria e das energias fósseis, o desenvolvimento intensivo de novas fontes de energia, a substituição do transporte automotivo, inclusive de caminhões, pelo trem e pelos transportes urbanos públicos etc., nada disso pode ser resolvido na escala pequenas comunidades "autárquicas", sem planificação democrática, sem revolução ecossocial...

---

24 Ibid., p.85. Esse ensaio é o mais fraco e o mais discutível de Bookchin.

# Conclusão
# Para um marxismo libertário

O que é o *marxismo libertário*? Tentar dar-lhe uma definição – definitiva? – seria um erro. Tal não foi o objetivo desta obra modesta. Por meio de um lembrete histórico e por alguns elementos de reflexão sobre questões controversas, pareceu-nos útil iniciar um canteiro de obras, prolongar um movimento, esboçar convergências teóricas e práticas para que se abra um novo espaço. Muitos outros assuntos mereceriam ser tratados desse modo. Por exemplo, seria importante levar em consideração o aporte da pedagogia libertária a uma reflexão revolucionária da educação; pensamos nos escritos de Francisco Ferrer, fundador da escola moderna, fuzilado pela justiça militar espanhola em 1909, sob a falsa acusação de ter inspirado revoltas operárias em Barcelona; ou ainda no educador libertário suíço Henri Roorda, jovem apadrinhado por Élisée Reclus autor do panfleto *Le pédagogue n'aime pas les enfants* (1917) [O pedagogo não gosta de crianças].

Outra questão que não abordamos – exceto na parte histórica: a do combate ao fascismo, à extrema-direita, ou ao neonazismo na França – nos coletivos Ras L'Front e VISA (Vigilância Iniciativa Sindical Antifascista), ou na Ação Antifascista (AFA); na Grécia, contra o sinistro partido Aurora Dourada, e em outros lugares. A combatividade e a inventividade dos libertários nessa luta decisiva são inegáveis. E nelas as convergências entre revolucionários marxistas e libertários são manifestas há muito tempo.

Em sua *Anthologie libertaire*, Irène Pereira relaciona três gramáticas do anarquismo: o anarquismo classista, que se fundamenta na luta de classes; o humanismo libertário, estabelecendo a humanidade como sujeito de emancipação; e o anarquismo individualista. Por razões de proximidade histórica, tratamos neste livro das convergências com a corrente "classista" (correntes libertárias, anarcocomunistas, plataformistas, anarcossindicalistas...), sem procurar *a priori* transformá-las em uma só.

Da maneira como pensamos, o marxismo libertário não é uma doutrina, um *corpus* teórico concluído: trata-se antes de uma *afinidade*, de um certo encaminhamento político e intelectual: a vontade comum de desvencilhar-se, pela revolução, da ditadura do capital para construir uma sociedade desalienada, igualitária, liberada do jugo autoritário do Estado. Com efeito, não existe *um só* marxismo libertário, mas uma grande diversidade de tentativas, mais ou menos bem-sucedidas, de criar pontes entre as duas grandes tradições revolucionárias. Encontram-se militantes interessados por tal atitude em movimentos anarquistas como a *Alternativa Libertária*, na corrente libertária do Novo Partido Anticapitalista (NPA), em

# Afinidades revolucionárias

alguns intelectuais próximos do anarquismo (Philippe Corcuff), nos meios ecológicos radicais e/ou objetores de consciência (Stéphane Lavignotte), no sindicalismo combativo, especialmente no SUD e em vários movimentos sociais e redes antirracistas, antifascistas e anticapitalistas.

Nosso ponto de partida, por nossa história e por nossa formação, é o marxismo: é a partir dele que nos interessamos pela experiência libertária. Mas estamos convencidos de que os marxistas têm muito a aprender com o pensamento, a cultura, as lutas e as ideias libertárias; com sua rejeição de toda tirania, dominação, opressão; com sua "ideia radical de liberdade" (Walter Benjamin); com seu espírito revolucionário intransigente, hostil tanto ao capital quanto ao Estado. Nós pensamos que a cultura revolucionária do futuro, a das lutas de emancipação do século XXI, será marxista e libertária.

Se, a respeito de algumas questões abordadas, principalmente na segunda parte de nosso livro, defendemos uma posição crítica, ou em todo caso diferente da posição dos libertários, não é porque pensemos ter o monopólio da "verdade"; nem pela convicção de termos a análise mais "científica". É simplesmente em função de nossa própria experiência, do estado atual de nossa reflexão; um estado provisório, aberto à discussão e à crítica.

Há alguns anos, nossos amigos da Fundação (catalã) Andreu Nin organizaram um memorial por ocasião do 75º aniversário do desaparecimento (1937) do dirigente do POUM e de Camilo Berneri, militante e pensador anarquista italiano, vindo a Barcelona para lutar contra o fascismo. As análises do catalão e do italiano eram muito diversas, suas proposições políticas diferentes; mas estavam ambos do mesmo lado da barricada, a da grande Revolução Espanhola. E pagaram pelo preço máximo seu engajamento, assassinados ambos pelos agentes stalinistas da GPU.

Acreditamos, e este livro é sustentado por essa esperança, que as futuras batalhas emancipadoras de nosso século também virão da convergência, na ação e no pensamento, das duas grandes correntes revolucionárias do passado, do presente e do futuro, marxismo e anarquismo, a bandeira vermelha e a bandeira negra.

M. L. e O. B.

# Referências bibliográficas

ABENSUR, M. *La Démocratie contre l'État*: Marx et le moment machiavélien. Paris: Le Félin, 2004.

ABRAMO, F. Frente Única Antifascista 1934-1984. *Cadernos Cemap*, ano 1, n.1, out. 1984.

ALBERT, M. *Aprè le capitalisme*. Éléments d'économie participative. Paris: Maspero, 2002. (Col. "Contre-feux".)

AMOROS, M. *Durruti dans le labyrinthe*. L'Encyclopédie des nuisances, 2007.

ANTENTAS, J. P.; VIVA, E. *Planeta Indignado*. Sequitur, 2012.

AVRICH, P. *Kronstadt 1921*. Buenos Aires: Utopia Libertaria, 2006.

BAKUNIN, M. *De la guerre a la commune*. Paris: Anthropos, 1972. (Textos estabelecidos por Fernand Rudé.)

BASCHER, J. *La Rébellion zapatiste*. Insurrection indienne, résistance planétaire. Paris: Flammarion, 2005.

BENERI, C. *En defensa del POUM, 15.01.1937. Humanismo y anarquismo*. Madrid: Los Libros de la Catarata, 1998.

BENJAMIN, W. "Der Surrealismus. Die letzte Momentaufnahme der europäischen Intelligenz". In: *Gesammelte Schriften*, II. Frankfurt am Main: Suhrkamp, 1991. [Ed. bras.: *O surrealismo*: o último instantâneo da inteligência europeia. Trad. Sérgio Paulo Rouanet. São Paulo: Editora Brasiliense, 1985.]

BENJAMIN, W. "La vie des étudiants" (1914). In: *Mythe et violence*. Paris: Denoël, 1971. [Ed. bras.: A vida dos estudantes. In: BOLLE, W. (org.). *Documentos de cultura, documentos de barbárie*: escritos escolhidos. Trad. Celeste H. M. Ribeiro de Souza. São Paulo: Cultrix, 1986.]

_____. "Por une critique de la violence" (1921). In: *Mythe et violence*. Paris: Denoël, 1971. [Ed. bras.: A crítica da violência. In: BOLLE, W. (org.). *Documentos de cultura, documentos de barbárie: escritos escolhidos*. Trad. Celeste H. M. Ribeiro de Souza. São Paulo: Cultrix, 1986.]

_____. *Sens unique*. [Ed. bras.: *Rua de mão única*. Trad. Rubens Rodrigues Torres Filho. In: *Obras escolhidas*. v.2. São Paulo: Editora Brasiliense, 1987.]

BENSAÏD, D. *Une lente impatience*. Paris: Stock, 2004. (Col. "Un ordre d'idées".)

_____.; WEBER, H. *Mai 68: une répétition générale*. Paris: Maspero, 1968.

BERKMAN, A. 1921. L'insurrection de Kronstadt la rouge. *Alternative Libértaire*, v.13, n.16-17, 2008.

_____. *La Rébellion de Kronstadt, 1921* (1922). Paris: Éditions La Digitale, 2007.

BLANQUI, A. *Maintenant, il faut des armes*. Paris: La Fabrique, 2006.

BOOKCHIN, M. *Pour une societé écologique*. Paris: Éditions Christian Bourgois, 1976.

CORCUFF, P.; ION, J.; SINGLY, F. *Politiques de l'individualisme*. Paris: Éditions Textuel, 2005.

GOLDMAN, E. *Épopée d'une anarchiste*. Bruxelas: André Versaille, 2011.

_____. *Living my life* (1931). Nova York: Dover, 1970.

GUÉRIN, D. *Rosa Luxemburg et la spontaneité révolutionnaire*. Paris: Flammarion, 1971.

_____. *Frères jumeaux, frères ennemis*. Éditions Spartacus, 1966. [Ed. bras.: Irmãos gêmeos – irmãos inimigos. In: MALATESTA et al. *O anarquismo e a democracia burguesa*. 3.ed. Trad. Roberto Goldkorn. São Paulo: Global, 1986.]

_____. *L'Anarchisme: de la doctrine à l'action suivi d' Anarchisme et marxisme*. Paris: Gallimard, 1981. [Ed. bras.:

*O anarquismo*. Trad. Manuel Pedroso. Rio de Janeiro: Germinal, 1968.]

GUÉRIN, D. La question que Trotsky ne pose pas (1983). In: GUÉRIN, D. et al. *À la recherche d'un communisme libertaire*. Paris: Spartacus, 1984.

HAMON, H; ROTMAN, P. *Génération*: les années de rêve. Paris: Le Seuil, 1987.

HOLLOWAY, J. *Changer le monde sans prendre le pouvoir*: Le sens de la révolution aujourd'hui. Paris: Syllepse, 2007. [Ed. bras.: *Mudar o mundo sem tomar o poder*. O significado da revolução hoje. Trad. Emir Sader. São Paulo: Boitempo, 2003.]

KAUTSKY K. *Der politische Massenstreik*. Berlin, 1914.

KOLTSOV, M. *Diario de la guerra de España, Ruedo Iberico*. Paris, 1963.

LENIN, V. I.; TROTSKI, L. *Sur Kronstadt*. Org. Frank P. Paris: Éditions de la Taupe Rouge, 1976.

LUXEMBURGO, L. *Grève de masse, parti et syndicats* (1906). In: *Oeuvres*. t.I. Paris: Maspero, 1969. [Ed. bras.: *Greve de massas, partido e sindicatos*. In: *Rosa Luxemburgo*: textos escolhidos. v.I. Org. Isabel Loureiro. São Paulo: Unesp, 2011.]

_____. *La Révolution Russe* (1918). In: *Oeuvres*. t.I. Paris: Maspero, 1969. [Ed. bras.: *A Revolução Russa*. In: *Rosa Luxemburgo*: textos escolhidos. v.II. Org. Isabel Loureiro. São Paulo: Unesp, 2011.]

_____. *Questions d'organisation de la social-démocratie russe* (1904). In: *Marxisme contre dictature*. Paris: Spartacus, 1946. [Ed. bras.: *Questões de organização da social-democracia russa*. In: *Rosa Luxemburgo*: textos escolhidos. v.II. Org. Isabel Loureiro. São Paulo: Unesp, 2011.]

MAFFEI, E. *A batalha da praça da Sé*. Rio de Janeiro: Philobiblion, 1984.

MAKHNO, N. Les mémoires de Makhno. *Les Cahiers du Mouvement ouvrier*, n.18, sept.-oct. 2002, Cermtri. [MAKHNO, N. *Makhno e Lenin: um diálogo histórico*. Disponível em: <http://www.nestormakhno.info/portuguese/makhno-lenin.htm>.]

MANDEL, E. *Contrôle ouvrier, conseils ouvriers, autogestion. Anthologie*. Paris: Maspero, 1973.

MANDEL, E. *Power and money*. London: Verso, 1991.

MANFREDONIA, G. *L'Anarchisme en Europe*. Paris: PUF, 2001. (Col. "Que sais-je?".)

MARX, K. *La Guerre civile en France en 1871*. In: MARX, K.; ENGELS, F.; LENIN, V. *Sur la Commune de Paris*. Moscou: Éditions du Progrès, 1971. [Ed. bras.: *A guerra civil na França*. Trad. Rubens Enderle. São Paulo: Boitempo, 2011.]

_____. ENGELS F. *Inventer l'inconnu*. Textes e correspondances autour de la Commune, precedido por Daniel Bensaïd, *Politiques de Marx*. Paris: La Fabrique, 2008. (Série "Utopie et liberté".)

_____.; ENGELS, F.; LENIN, V. I. *Sur la Communne de Paris*. Moscou: Éditions du Progrès, 1971.

MENDEZ, N.; VALLOTA, A. Une perspective anarchiste. In: *L'Autogestion anarchiste*. Paris: Éditions du Monde Libertaire, 2006.

METT, I. *La Commune de Kronstadt*. Crépuscule sanglant des soviets. Paris: Spartacus, 1938.

MONATTE, P. *Anarcho-syndicalisme et syndicalisme révolutionnaire*. Paris: Éditions Spartacus, 1978.

_____. *Syndicalisme révolutionnaire et comunisme*. Les archives de Pierre Monatte. Apres. por Jean Maitron e Colette Chambelland. Paris: Maspero, 1968.

NURNBERG, P. Nestor Makhno et L'Armée Insurretionnelle d'Ukraine. *Le Monde Libertaire*, 9-15 dez. 2010.

ORWELL, G. Hommage à la Catalogne. Paris: Éditions Ivrea, 1997. [Ed. bras.: Homenagem à Catalunha. In: *Lutando na Espanha*. Trad. Ana Helena Souza. São Paulo: Globo, 2006.]

PANNELOEK, *Les Conseils ouvries*. Spartacus, 1978. [Versão portuguesa disponível em: <https://www.marxists.org/portugues/pannekoe/1936/mes/conselhos.htm>.]

PAZ, A. *Buenaventura Durruti, un combattant libertaire dans la révolution* espagnole. Paris: Éditions de Paris, 2000.

PEREIRA, I. *L'anarchisme dans les textes* – Anthologie libertaire. Paris: Éditions Textuel, 2010.

PERET, B. *La Commune des Palmares*. Paris: Syllepse, 1999. [Ed. bras.: O quilombo dos Palmares. In: PONGE, R.;

MAESTRI, M. (orgs.). Trad. Mário José Maestri Filho. Porto Alegre: UFRGS, 2002.]

PORTER, D. (ed.) *Vision on Fire*: Emma Goldman on the Spanish Revolution. Oakland: AK Press, 2006.

RANCIÈRE, J. *La Haine de la démocratie*. Paris: La Fabrique, 2005. [Ed. bras.: *O ódio à democracia*. Trad. Mariana Echalar. São Paulo: Boitempo, 2014.]

_____. *Le Maître ignorant*. Paris: Fayard, 1987. [Ed. bras.: *O mestre ignorante*. Trad. Lilian do Valle. Belo Horizonte: Autêntica, 2002.]

_____. *Tant pis pour les gens fatigués*. Paris: Éditions Amsterdam, 2009.

RECLUS, É. *Le pédagogue n'aime pas les enfant* (1917). Paris: Mille et Une Nuits, 2012. (Col. "La Petite Collection".)

ROEDIGER, D.; ROSEMONT, F. *Haymarket Scrapbook*. Chicago: Charles H. Kerr, 1986.

ROSAL, A. del. *Los congressos obreros internacionales en el siglo XIX*. México: Grijalbo, 1958.

SERGE, V. Kronstadt, 10 de setembro de 1937. In: DREYFUS, M. (org.); SERGE, V.; TROTSKI, L. *La Lutte contre le stalinisme*. Paris: Maspero, 1977.

_____. *Mémoires d'un révolutionnaire, 1905-1945*. Montreal: Lux Éditeur, 2010. [Ed. bras.: *Memórias de um revolucionário*. Trad. Denise Bottmann. São Paulo: Companhia das Letras, 1978.]

SINGER, D. *Prelude to Revolution*: France in May 68. Nova York: Hill and Wong.

SINGLY, F. Pour un socialisme individualiste. In: CORCUFF, P; ION, J.; SINGLY, F. *Politiques de l'individualisme*. Paris: Éditions Textuel, 2005.

SKIRDA, A. *Kronstadt 1921, prolétariat contre bolchevisme*. Paris: Éition de la Tête des Feuilles, 1971.

SOLANO, W. *Le POUM*: Révolution dans la guerre d'Espagne. Paris: Syllepse, 2002.

TERNON, Y. *La révolte anarchiste*. Bruxelas: Éditions Complexe, 1981.

TROTSKI, *Histoire de la révolution russe*. t.I, "Février". Paris: Le Seuil, 1967. [Ed. bras.: *A história da Revolução Russa*. v.I. Trad. E. Huggins. 2.ed. Rio de Janeiro: Paz e Terra, 1977.]

TROTSKI, L. Octobre 1929. In: BROUE, E. (Org.). *Oeuvres*. Paris: Institut Léon Trotsky, 1978.

————. Interview à la presse, 6 de julho de 1921. In: LENIN, V. I.; TROTSKI, L. *Sur Kronstadt*. Org. P. Frank. Paris: Éditions de la Taupe Rouge, 1976.

————. Lettre à Wendelin Thomas, 6 de julho de 1937. In: LENIN, V. I.; TROTSKI, L. *Sur Kronstadt*. Org. P. Frank. Paris: Éditions de la Taupe Rouge, 1976.

SOBRE O LIVRO

*Formato*: 12 x 21 cm
*Mancha*: 18,5 x 44,5 paicas
*Tipologia*: Iowan Old Style 10/14
*Papel*: Off-white 80 g/m² (miolo)
Cartão Supremo 250 g/m² (capa)
*1ª edição Editora Unesp*: 2016
*2ª edição Editora Unesp*: 2019

EQUIPE DE REALIZAÇÃO

*Capa*
Bloco Gráfico

*Edição de texto*
Jorge Pereira Filho (Copidesque)
Nair Hitomi Kayo (Revisão)

*Editoração eletrônica*
Sergio Gzeschnik (Diagramação)

*Assistência editorial*
Alberto Bononi
Jennifer Rangel de França

Impresso por :

gráfica e editora

Tel.:11 2769-9056